そろそろ『わたし』でいきていく

今日から自分を好きになるために

城ノ石ゆかり

はじめに

人生ではいろんなボールが飛んできます。

たとえるならば、チャンスボールや変化球。誰かの期待、面倒な人間関係、苦手な仕事といったボールなど、様々なボールが飛んでくる中を進むことが、生きることなのかもしれません。

その中には絶対に取り逃したくないボールもあれば、スルーしても問題ないボールだってあるでしょう。

しかし人はなぜか、目の前にボールが飛んでくると、それをすべてキャッチしながら進まなければならないと思いがちです。

……とんでもない！　そんなことをしていたら、人はいつになっても前に進めません。

それどころか、取りたいボールがいくつも飛んできてフリーズしてしまったり、どうでもいいボールを避け損ねて痛い目に遭《あ》ったり……。

これでは進むどころか疲れるばかりで、いつかはその場に座り込んでしまいます。

すべてのボールを取らねばとカン違いして座り込んでいたのは、実は大学生のころの私です。

親の庇護下《ひごか》で、周りのいうことに反応するように生きてきた私は、大学に通い始めて間もなく、飛んでくるボールの処理に追われるようになりました。あらゆるボールを逃さないことが、成長であり前進だと思い込んでいたからです。

当然、だんだんと前に進めなくなっていきました。しかし立ち止まっていても、ボールはひっきりなしに飛んできます。

もう何を選んだらいいのかわからない。

まるでいままでの自分とこれからの自分の間に、深い溝ができてしまったようです。ついにはへたり込んでしまい、どうやって立ち上がったらいいか、どうこの人生を歩むのか、本当にわからなくなりました。

私が思い描いていた私とは全然違う。自分が心から残念だったのです。

当時の私はようやっと逃げました。

大学を辞め、アジアをバックパッカーし、本を読み、生き方を改めて探しました。逃げている自分を自分は知っていましたから、当時はそんな自分を責める気持ちばかりでした。

それでもあのとき、逃げてよかったといまは思えます。

あれから30年以上経ちますが、私の目の前には相変わらずたくさんのボールが飛んできます。どのボールを選んでどう前に進んでいくかは、私にとって変わらない人生のテーマです。

でも、いまの私は少しだけ方向が変わってきています。

29歳で会社を創業し、ハートフルな仲間や家族に恵まれました。そして40代半ばのころ、延べ2万人のカウンセリング経験と、認知行動療法をベースとした「４ｎｅｓｓコーピング」を開発。現在は全国を飛び回りながら「成熟」をテーマにした心の講座を主催しています。

講座を通して、多くの素敵な方々と出会う毎日を過ごしている私には、ひとつだけはっきりわかったことがあります。

当時大学生だった私の迷いや戸惑いはごく自然で、普通なものだったということです。

親元を離れ、世間を知らず、自分のことすらよくわかっていなかった私が、人生の荒波をいきなり乗りこなせるはずはありません。溺《おぼ》れてしまうのも当然だったと思います。

しかし、当時は「それが当たり前」とさえ知りませんでした。溺れた自分への後悔と、なぜ私にはあれもこれもうまくできないのかと、自分を責める気持ちばかりを感じていました。

現在、私の講座に訪れているクライアントの中には、かつての私の何倍もの数のボールをさばきながら、立派な社会的地位や結果を築いている方々が少なくありません。

彼らは「なぜできないのか」と自分で自分を鼓舞《こぶ》した結果、たくさんのお金や仕事、仲間などを手に入れてきました。でもあるときふと、「本当にこれでよかったのか？」「このままの自分で良いのか？」と、人生に疑問を抱く瞬間があったのだと思います。

私の講座には、そんなタイミングで門を叩いてくれる受講生がとても多いです。

本書はいわば、人生に迷っていた当時の私と、いま同じような思いを感じているあなたへの手紙です。

自分が欲しいボールを見分け、堂々と「わたし」として前に進んでいくヒントになればうれしいといった想いで書いた本です。

人生の問題や悩みを解決するために、私たちはお金や人間関係、仕事での成功など自分の外側にソリューションを求めがちですが、現代人にはその努力によって心身を疲弊《ひへい》させてしまうケースが決して少なくありません。

なぜなら人生に繰り返し起こる悩みや問題の原因の大半は、自分の外側ではなく、心の中で迷子になっている**「未処理の感情」**が引き起こしている可能性が高いからです。

何十年と人生を生きてきた中で、あるとき仕方なくグッと心の奥にしまい込んでしまった本当の気持ち。その未処理の感情が積もり積もったとき、私たちの現実には必ずなんらかの不具合が起こり始めます。

一方で未処理の感情は、本人が気づいた瞬間に癒《い》やされ、その人の未来や心のありようをガラリと変えてしまう魔法のような性質も持っています。

それは、**あなたの可能性や伸びしろの種**で、自分をいまよりもっと好きになるための宝箱です。

本書では現代人の人生に起こりがちな問題や不具合を取り上げ、そこに潜《ひそ》んでいる未処理の感情の見つけ方と向き合い方を、できるだけ一般化してわかりやすく書いてみました。まずはじめの序章では、未処理の感情を見つけ出すために必要な、自分の心を探索するときの「コツ」を解説しています。

通して読むこともできますし、休息時間にパッと好きなページを開いて、何かのメッセージを受け取るといった使い方もおすすめです。

また、いま身近にいる人々との関係をより良くしたり、大切な誰かの気持ちを理解したりしたいと感じたときのヒントにもなるはずです。

心のどこかで置いてきぼりになっていた未処理の感情を見つけたとき、自分が本当は何をしたかったのか、どんなふうに生きたかったのかにハッと気づくことはよくあります。

時代が大きく転換していくこのタイミングこそ、未処理の感情を救い出し、自分を最大限に発揮できる未来へと進んでいく絶好の機会なのではないかと思いました。

幸せになるために、そろそろ本当の「自分」を生きたいと思っているあなたへ。
いまここから、あなただから味わえる豊かな人生をスタートしましょう。

第4章

Introduction

序章

「わたしで在る」から幸せになる

自分の人生にはいつも何かが足りない。
「やりたいこと」をやっているはずなのに、心が満たされない。
そうやって人生になんとなく不足感を感じてしまうのは、
「なりたい自分」になれていないからではありません。
「こうなれば幸せになれる」という幻想から抜け出し、
いま、この瞬間の「あなた」で在ることから始めればいいのです。

「わたしで在る」から、人は幸せを感じられます。
まずは、その大切な前提を「肚《はら》」に落としておきましょう。

Section
1
「どうなりたいか」ではなく「どう在りたいか」

「自分のために生きればいい」とか、「やりたいことをやればいい」といわれても、戸惑うことはよくよく承知しています。

なぜなら私も、多くの時間をその戸惑いに費《つい》やしたからです。

自分を見失った大学時代、私はいつもどこか不安定で、人に後《おく》れを取らないように、しかし大きくははみ出さないように日々をやりくりしていました。本当はヒザが震えているのに、決してかかとをつけないように爪先立ちで生きていたような、そんな自分が思い出されます。

自信を持つにはきっと、私が私として確固とした感覚を得て、何か大きなことをなさなければならないと信じ込んでいました。なぜなら生き方に迷ったとき、世間では「どうなりたいか」を明確にすることが、最も大事だとされていたからです。

一方で私は「それがわかれば苦労しない」とも薄々感じていました。

いまならわかります。わからなくて当然だったのです。

「どうなりたいか」ではなく、「どう在りたいか」がまず大事でした。

私たちにもし万人共通の使命があるとすれば、「この自分で生まれてきたことを最大限に発揮すること」ではないでしょうか。それは人が自分らしく、自分なりのペースで成熟していくことだとも感じます。

人が毎日繰り返していることは**「選択」と「責任を果たすこと」**で、自分を最大限に発揮するにはその成熟度を高めていく必要があります。これこそが「どう在るか」を選ぶ力。**「情緒的な成熟度」**です。

情緒的成熟度は、年齢や経験値、スキルなどに比例しないのが特徴です。

10代の学生でも自らに「どう在りたいか」を問い、自分の選択で物事にしっかり責任を取って生きられる人はいます。

一方で年齢を重ねても借り物の基準で選択し、責任に追われるように生きる不満だらけの大人もたくさんいます。

大きな目標を成し遂げたり、たくさんのスキルを身につけたりしたとしても、「人生こんなはずではなかった」になりやすいのは後者の方です。

成功すれば人格者になれる、がんばれば認められる……といったように、目標を達成したり何かを手に入れたりすれば自己肯定感が高まり、豊かに生きられると私たちは考えがちです。

しかし**情緒的な成熟度は、成功度合いや知識の量やスキルの数とも比例しません**。

思えば私が将来をお先真っ暗に感じていたころは、毎日「どうなれば」そこから抜け出せるかを考えていました。

その考えはいつも「いまの自分はダメだ」から始まっていて、「自分はダメじゃない」といった支えを自分の外側にある何かに求めていたのです。

成功やお金、持ち物など目に見える何かで自分を支えようとする心理は、当人が「自分の価値」を見いだせていない証拠でもあります。

自分が本来持っている価値を見ず、それを育てようともしないのならば、いつまでも「自分」は見つかりません。

どう在りたいかを選ぶ力が弱いと、人は「ああなりたい」「こうなりたい」と思った誰かを演じ続けてしまいます。自分ではなく誰かやその場のための選択ばかりを下し、いつしか「こんなはずではなかった」といった感覚に追われます。

そうしているうちに人は、毎日に疲労感やむなしさばかりを覚えるようになるのです。

あなたの日常にもし思い当たる不具合が出ているならば、それは自分のための「選択」と「責任」の選び直しの機会、情緒的成熟が促《うなが》されるチャンスが訪れているのかもしれません。

自分のための「行動」を選択し、その「責任」を取っていくことは、結果その人の「在り方」を選ぶことにつながっていきます。

「どうなりたいか」は成功のベースで、「どう在りたいか」が成熟のベース。私たちはいままであまりにも「どうなりたいか」を探し、追い求めることに忙しすぎました。

でも本当は順番が逆です。「どう在りたいか」で生きられるようになると、むしろ人の成長力は飛躍的に上がって、目標にも早くたどり着けるようになるのです。

✓「どうなりたいか」より「どう在りたいか」を選択のベースにする

Section

2

「ありのまま」の罠と自分の価値

「ありのままの自分」といった言葉に、私は少し危険を感じます。人にはそもそも**成長欲求**があるからです。

自分が成長することは本来楽しいはずで、楽しい成長は「自分がダメだから」「価値がないから」という価値観からは始まりません。楽しい成長は、自分に十分な価値があることを理解した上で、さらに成長したいという「欲求」から始まります。

つまり**「want（～したい）」**であって、**「should（～べき、～しなければならない）」**ではありません。同じ成長でも「should」の価値観でがんばると辛《つら》くなりますが、「want」でやると楽しいです。

「ありのままでいい」というと、途端に学びや成長を放棄したりやめたりしてしまう人がいますが、それこそ大きな誤解です。

自分の価値に気づいている人は、「これ以上成長しないでいい」とも、「ダメだから成長しなければならない」ともなりません。むしろ「こう在りたい」で生きられるようになるので、「ありのままの自分」を受け入れ楽しく成長できます。

ならば自分の価値はどう見つけたらいいのか。

それも実は簡単です。

何ができたとか、何ができないといった表面的なスキルやステータスに委《ゆだ》ねるのではなく、あなたの**「思いの方向」**さえ変えてしまえば、自分の価値は可視化されます。

なぜなら**あなたの価値は、もともとあなたの中に「在る」**からです。

それを見えるようにする方法が、**「こんな私が好き」という判断軸**を持つこと。

選択や決断には判断軸が必要で、その軸を何にするかは人によって違います。それこそが当人の価値観です。この価値観が借り物……つまり自分ではない何かになっていると、人生には「こんなはずじゃなかった」という不具合が起こってきます。

たとえば世間の常識や流行などを軸にすれば、時代が変わった途端に間違いになるかもしれません。周囲の人の意見を軸にし続けていたら、いつしか自分の意志を見失うでしょう。

でも「こんな私が好き」という軸は、自分の価値観に基づいた判断軸だからシンプルで強いのです。

当然、どんな軸で選択したって成功も失敗もあり得ます。「こんな私が好き」で選んだからって、失敗を回避できるわけでもありません。

しかし、自分の感情をフル稼働させて「こんな私が好き」で主体的に選択していくことは、常識や他者の意見に「反応」するだけの経験とは深みがまるで違ってきます。

「こんな私が好き」を軸に選択し、責任を取るほどに人生の経験値は飛躍的に上がっていき、あなたらしい生き方の術が身についていきます。

経験値とは、自分の責任において物事を選択した数といっても過言ではありません。

その判断軸こそ自分の価値。

情緒的な成熟から生まれる、あなただからやれる人生の土台です。

✓「こんな私が好き」という判断軸なら後悔は残らない

Section

3

「こんな私が好き」というしなやかな軸

「こんな私が好き」の判断軸とは、具体的にどんなものなのでしょうか？

私たちは日々、起こった出来事に対して何かを「選択」しながら生きています。ランチに誘われたときの返事も、トラブルにどう対処するかも、すべては自分の選択です。

しかし人は、**「選択」しているつもりが実は「反応」しているだけ**のことがよくあります。

次のようなことに覚えはないでしょうか？

意地悪をしてきた人にイラついて、つい自分も意地悪な態度を取ってしまう。不真面目な人から適当に依頼された仕事は、自分も適当にやって返してしまう。こんなふうに相手の態度に「反応」して起こした行動は、どこか後味が悪いものです。なぜってその中途半端な仕事をしたのはあくまで「自分」で、その事実はずっとつきまといます。「相手が意地悪だから私もそうしました」と付箋《ふせん》を貼ってはおけません。**感情的な「反応」で起こした行動には、あまりいいことがない**のです。

はたまた、私たちは多勢にも弱いです。私たちの人生に、正解のある選択問題は決して多くありません。明確な答えがないからこそ、自分の意見が周囲と全然違っていたら、それはなかなか表明しにくいものです。

多数派に流れたものの、実は自分の答えが正解だったら、今度はひどく後悔します。**人と同じだから、それが常識だからといった判断軸だけで物事を選ぶのも危険**なのです。

以上はすべて「こうあるべき」「こうしなければならない」というshouldの価値観に「反応」した態度です。

そして「反応」の反対こそ、「無反応」ではなく**「選択」**です。「こうしたい」「こんな自分が好き」というwantに基づき、自ら選ぶ態度です。

反応であれ選択であれ、「自分で選んだ責任」はつきまといます。もちろん、その選択には恐れや不安を伴うこともあるでしょう。

ただ自分の「選択」で「責任」を果たしていく生き方は、不安があったとしてもその先に成長や気づきがあります。責任を放棄し、ただその場で不満をいっている態度とは大きく違います。**不安が湧くのは、すなわち未来を見ている証**なのです。

「それでも、自分に自信を持つなんてやっぱり難しい」と感じるかもしれません。それはおそらく、「こんな自分が好き」を軸にした行動にただ慣れていないだけ。

本来はそんなに難しいことでも、怖いことでもありません。そしてこれを続けていると、自分の価値観で、自分のために生きていいのだといった、肚《はら》の底からの納得がちゃんとついてきます。

✓「反応」ではなく「選択」する人生にシフトしてみる

Section

4

自己肯定感は揺れ動く

自尊感情や**自己肯定感**という言葉をよく見聞きする時代になりました。

自己肯定感が高いから人は成功するのでしょうか？

自尊感情さえ高ければすべてがうまくいくと思いますか？

自己肯定感が高すぎる人は、実際のところ自己中心的な思考に陥《おちい》りやすい傾向にあります。そういった人は、必ずしも物心ともに満たされているとは限りません。

人は誰でも、仕事や人間関係でうまくいったり、充実感を感じたりするときに自己肯定感が高まり、逆に失敗したら自己肯定感が下がります。

常に自己肯定感が高い人なんて本当はいません。**誰もが自己肯定感が上がったり下がっ**

たりしながら生きている、それが事実です。

つまり自己肯定感が低いから人生がうまくいかないのではなく、本当は満たされていないのにハリボテの自信でごまかしていたり、本当はできるのに自信が持てず踏み出せなかったり、**事実と自分の解釈に距離があるから人生に問題**が生じます。

事実と解釈に距離があるのは、等身大の自分と向き合ったことがない、あるいは受け入れられていない可能性が高いです。

等身大の自分に直面し事実を明らかにしたら、ダメな自分に落ち込むかもしれません。でもそれは自然なことで、落ち込むことが間違いなわけでもありません。

成熟した大人は、自分のいいところもダメなところも把握した上で「選択」できます。**ダメな自分も受け入れた上で「こう在りたい」を選べる力が、本当の「強さ」**なのです。

強さを手に入れるには、メンタルを鍛《きた》えなければと思いがちです。しかし目に見えないメンタルを自分で鍛えるのは、とても難しいのが現実でしょう。

だから私は、「こんな私が好き」と思える態度や行為を選ぶことをおすすめしています。

人は空を見上げながら悩むことができないように、行為や行動、態度は心に強く影響します。「こんな自分が好き」という行為の選択は、目に見えない情緒的成熟を確実に後押ししてくれるのです。

✓ ハリボテの自己肯定感に惑わされないこと

Section

5 偏った自分像と「未処理の感情」が問題を起こす

あなたは普段、自分のことをどんな人だと思っていますか？

日々の行動や選択を判断するよりどころとなるもの、それが**「自分像」**です。

「こんな自分が好き」という軸で選択するためには、自分を深く理解しておく必要があります。すなわち「自分像」について考えておくことは大切です。

私はこの「自分像」を考えるとき、いつも「白雪姫」に出てくるお妃のことを思い出します。

自分の価値を美しさという一点でしか認められずに年を重ねたお妃は、よくよく考えると可哀想な人でした。「一番美しいのはあなたです」という鏡の言葉しか信じられなくなるほど、他人を信じられない孤独な人生を送ってきたのかもしれません。
外側からの評価、たとえば周囲の人の言葉やSNSのフォロワー数、実績やお金といったもので自分の価値をはかる心理は、鏡の言葉にホッとしていたお妃とよく似ています。**自分像が希薄だと、外側から与えられた価値でしか自分の輪郭を確認できない**のです。

仮にお妃がその半生の中で何か好きなことや生きがいを見つけ、自分の価値の幅を広げて「こんな自分が好き」を感じられていたなら、容姿の衰《おとろ》えや白雪姫の存在にとらわれることもなかったでしょう。

つまり鏡が「この世で一番美しいのは白雪姫だ！」といったときこそ、お妃が自分の本当の価値に目を向ける絶好の機会でした。しかし彼女は「自分には美しさしか価値がない」という自分像に固執した結果、その機会を自ら逃したのです。

自分像は過去の記憶から作られるもので、断片的な記憶を自らがつなぎ合わせて「私はこういう人間だ」と自分で決めている像にすぎません。

だからネガティブな人は記憶もネガティブな傾向があります。事実、過去に辛《つら》いことが多かったのかもしれませんが、それを乗り越えていまに至っているという成功体験にはフォーカスせず、「辛かった」というネガティブな記憶で自分像を作ってしまいがちです。

そして恐ろしいことに、人の無意識には自分像と現実に一貫性を持たせようとする作用があります。ネガティブな自分像をそのままにしていると、現実に起こることまで自動的にネガティブになっていく可能性があるのです。

いつも途中でダメになる自分。長続きしない自分。ちょっと運が悪い自分。

そうして繰り返される失敗のパターンには、偏った過去の記憶から作られた自分像が影響している場合が多いのです。それは非常に強固なイメージで、仕事やお金、恋人など自分の外側にどんな付加価値をつけたところでなかなか書き換えることはできません。

でも私たちは、その強固な自分像を書き換えられる唯一のカギを、もともと自分の中に持っています。そのカギこそ、心に置き去りにされ蓄積された**「未処理の感情」**です。

本当はイヤだったけれど誰かの期待に応えるべく何かをガマンしたり、場の空気を乱したくなくて本音を隠したり、そうやって心に生まれた感情を「なかったこと」にしてしまう場面は、誰の人生にだって当たり前にめぐってきます。

しかし、一度生まれた感情は当人が見て見ぬフリをしたからといって、都合よく消えてしまうわけではありません。心の中に押し込んで無理やりフタをしているようなもので、容量をオーバーすれば当然ながら溢《あふ》れてしまったり、爆発を起こしたりするのです。

つまり未処理の感情が心に積もり積もったとき、私たちの現実には様々な不具合が起こり始めます。

✓ あのとき心にしまい込んだ感情が、現実に問題を起こしているかもしれない

Section 6

「未処理の感情」は、自分の伸びしろ

未処理の感情は、いらないものでもなければ、悪いものでもありません。
湧いてきた感情をとっさに押し殺してしまったのは、他ならぬ自分です。それもそのときの自分なりのベストな判断だったはずで、その判断を悔いることにはあまり意味がないのです。

大事なのは、見て見ぬフリしてしまった未処理の感情をどう処理するか。

特に日本人は社会生活を営む中で、周りの人の心をおしはかるばかりに、多くの本音や感情を隠してしまう傾向があります。

感情を抱かないことに慣れすぎて、自分が本当はどう感じていたのか、どうしたかったのかがわからなくなっていることも珍しくありません。

でも、未処理の感情はあなたがちゃんと「感じれば」、自然に消えていくという性質を持っています。「悲しかった」「イヤだった」「愛されたかった」……どんな感情だってそのメカニズムは同じ。

そして未処理の感情は、あなたに発見され「感じて」もらった瞬間に、あなたの可能性を拡大する魔法のカギに早変わりします。

「在りたい」自分で人生を再スタートさせ、本来の力を存分に発揮することができるようになるのです。

次章からは、現代人が人生の過程で抱きがちな悩みのサンプルを取り上げます。

現代人が抱く悩み、現実で起こっている問題から「未処理の感情」を見つけ、救い出し、新たな自分像のもとに、「こう在りたい」とか、「こんな私が好き」で自分を再スタートさせるためのヒントをご紹介していきます。

「こんな私が好き」という価値観で行為を選ぶことは、慣れてしまえば実に自然な、当たり前の生き方です。

しかしいざ始めてみると、自分のための選択をいままでいかにやってこなかったかに気づくかもしれません。

私の講座の受講生でも最初は戸惑いを覚える方が多いですが、そのうち「こんな私が好き」を自分自身の中に確かに感じるタイミングが必ずやってきます。

それは自分に無理やりいい聞かせたハリボテの自己肯定感とは違う、心の底から溢《あふ》れてくるような**「好き」**です。気持ちが晴れ晴れする、**生まれてきてよかった**と実感するような感覚です。

人生とは限りある時間でもあります。

「こんな私が好き」と思える瞬間が増えれば、人生は確実に豊かになっていくと思いませんか？

特別な準備や学び、素材は何もいりません。

必要なことといえば、これまで本当の自分をギュッと押し込めていた着ぐるみや、顔にぴったり貼り付けていた仮面の存在に気づいてもらうことくらいでしょうか。

だからもっと気軽な気持ちで大丈夫。
人生を変える魔法のカギを、一緒に探しに行きましょう。

✓ 未処理の感情に気づけば、現実は変えられる

Chapter 1

第１章

自意識の中に潜む「未処理の感情」

いつも失敗する、いつも損をする、いつも報われない。
知らぬ間にパターン化している人生の出来事は、
あなた自身もまだ気づいていない
未処理の感情が引き起こしているのかもしれません。
思考や感情の渦《うず》に呑み込まれて
「ヘルプ！」のサインを出しているあなた自身を
ここから探しに行きましょう。

Section 7

何をやっても中途半端で、結局何も身になっていない

こんな経験は思い当たりませんか？

・気合いを入れて始めた日記やブログがいつも3日坊主で終わる
・ノートを使い切らないうちに新しいノートを使いたくなる
・毎日たった10分のエクササイズが3日も続かない
・サプリメントを一度飲み忘れるとそのまま飲まなくなる
・スマホや周りのことに気を取られ、気づくと時間がだいぶ過ぎている

アイタタ……と思い当たるフシがあったなら、あなたは「完了させたくない人」かもしれません。

ダイエットや片づけなど、何かに取り組み始めてしばらくすると、もうひとりの自分が自分に対してあれこれ囁《ささや》いてくることはありませんか？

「こんなことしていて良いの？」「もっと他にやるべきことがあるのでは？」

そのうちいまやっていることが無駄に思えてきたり、他に気を取られたりして、作業が手につかなくなってきます。せっかくやり始めたのに、すぐに別のことを始めたくなる……このパターンの繰り返しです。

まるで、どうしても物事を完了させたくない理由があるかのようですね。


何をやっても中途半端に終わる人の共通点は、後悔に対する恐れが強いこと。

あれもこれも手を出すわりに、いざ完成させて失敗したり、他人から評価されたりすることを過度に恐れています。


努力が無駄になるのが怖いから、自分の意志で「やめて」いるようなものです。「まだ完成させない」ことで可能性を残し、「やればもっとできる（かもしれない）私」を維持しているともいえるでしょう。

どちらにしろ、自分のありのままの能力を知るのが怖いのではないでしょうか。

それではいつまでもゴールにはたどり着けません。だから、**まずはひとつだけ完了**させてみましょう。完了させて初めて、いまの自分の能力が明らかになります。人から「あなたの能力はこの程度か」と笑われたとしても、堂々と「そうです」と認められたら良いのです。そこから「どうしたいか」を考えて成長できたとき、**本当の実力がついてきます**。自分の現在地を明らかにせず努力しようとしても、本番は永遠に始まりません。

完了させない人は、過去に理不尽な形で努力が無になったり、手柄を奪われたりして、「努力がいつも無駄になる自分」という自分像を持っている場合も多いようです。

でもそれは努力が徒労に終わった辛《つら》い経験が、偏った自分像を作っているだけ。その思い込みに気づけば、自分像を書き換えることは可能です。

自分の実力に直面するときの怖さは一瞬。でも完了させなかった自分への後悔はいつまでも引きずります。だから、どんな小さな挑戦でもいいし、どんな結果に終わってもいいのでひとつを完了させてみましょう。

たったひとつを完了するだけで、あなたの中には**「完了のひな形」**ができます。結果はどうあれ、**「完了できた」という実感が、次へのモチベーション**になるのです。

ひとつも完了しないうちに、別のものを手に入れようとしても難しいかもしれません。

でも小さくてもたったひとつを完了できれば、次のものはもっと気負わず、自分なりに楽しみながら得られるようになっていくでしょう。

✓ ちょっとしたことで良いから「完了のひな形」をひとつ、作ってみる

Section

8

がんばっても、どうせ報われないと思っている

物事に取り組むとき、いつも「私なんてダメだ」という気持ちをどこかに隠し持っていませんか?

がんばりがいつも報われないと感じている場合、表面ではがんばっているつもりでも、本心では「どうせ報われない」というスタンスを自身が採用しているから、その通りの結果が現実化している可能性があります。

では逆に、「がんばったら報われた」人はなぜそうなれたと思いますか?

能力が高かった、運やタイミング・環境が良かった、誰かが助けてくれた……そんなふうに「特別な何か」を想像しがちですが、それらは副次的な影響にすぎません。

彼らが「報われた」唯一にして確かな理由は、ただひとつ。報われて結果を出すまで、**失敗を繰り返し成長する行動をやめなかった**ことです。

がんばっても報われないと感じている人は、成功をちょっと大げさに考えてしまっているのかもしれません。

成功する人はすべからく「選ばれし者」だと誤解していて、自分も特別な人間にならなければ成功できないと思っているのです。芸能人や億万長者のドラマティックなサクセス・ストーリーこそ成功であって、それ以外の**小さな「達成」**ではダメだと感じているかもしれません。

やってみて少しつまずいたり、向いていないと感じたりしたら「やっぱり違う」と早々に諦めてしまうのがその証拠です。ステレオタイプな成功のイメージやひとつのやり方に固執して、いつまでも同じ失敗を繰り返しているケースはよくあります。

つまり目の前の小さな「達成」を軽んじ、最初から「成功」しようとするから苦しくなります。

たとえば「快適な部屋に住む」という「成功」は、片づけや掃除といった小さな「達成」の積み重ねで実現します。たった数回片づけをしたくらいで「報われたかどうか」をいちいちジャッジしていたら、きっと永遠に快適な部屋は手に入らないでしょう。

そもそも物事に結果を出していく人は、自分がやるべきことに集中していて、周囲の評価や他者と自分を比べてどうかといったことをあまり気にしていません。

しかし、「私はどうせ報われない」と感じている人は、自分が周囲と比較して特別であることに内心こだわりがちです。一方で、失敗する自分やイマイチな自分が目立ってしまうのは恥ずかしい。ある意味、自意識過剰に陥《おちい》っている可能性すらあるのです。「誰も私のことなんか見ちゃいない」と笑えればいいのですが、未処理の感情を抱えた本当の自分（以下「未処理の自分」）はそう思えないから苦しんでいます。ならば、そろそろ価値観を変える時期かもしれません。

大前提として、「報われた」と感じられるまでがんばるかどうかは、あなた自身が好きなように決めていいことです。

さらに、ここがもっと大事。**結果うまくいくことも、失敗することも、人生ではどちら**

も普通に起こります。それが自然な状態だと受け入れることです。ここを受け入れられると、もっとラクな気持ちで物事に取り組めるようになるでしょう。気負わず楽しんで取り組めれば、成功する可能性だって高くなります。

人は本来、何かを夢中でがんばって成長しようとしている自分を**好き、楽しい**と感じるようにできています。だから、楽しくないのならやめたっていいでしょう。それも**自分を大切にしている選択**といえます。

✓ 目の前の成功や失敗が、あなたの価値を決めるわけではない

Section

9

本当は疲れているけれど、休むタイミングがわからない

「最近、疲れてるよね？」とたずねられて、素直に「うん」といえる大人は少ないです。

ここでいう「疲れ」とは、好きだったことにさえ腰が重くなったり、自分が何を好きだったかさえわからなくなったりするようなレベルの疲労状態です。

布団に入る前に気絶するような寝方をしてしまうか、布団に入っても気がかりが頭から離れずなかなか眠れません。ひとりになると無意識にため息が出てしまったり、朝目覚めたときに身体が鉛《なまり》のように重いと感じたりする日が続く場合もあるでしょう。

疲れは主観的なもので、人と比べようがありません。「大丈夫」「これぐらいで音を上げるわけにはいかない」とハードワークして身体を壊す人もいれば、ちょっとしたことです

ぐ「疲れた！」と音を上げ、仕事をサボっているように見える人だっています。

この本を読んでいる方はおそらく前者のタイプが多いと思いますが、後者は前者とまったく違う人のように見えて、実は同じようなものだといったら驚くでしょうか。

両者の共通点は、**本来の自分の状態が自分でわからなくなっている**ことです。

前者はがんばっている自分ばかりを見ていて、本体の疲れている自分に気づけないから身体が限界を迎えます。後者の場合は、がんばっても仕方ないという思い込みのもと、本体の自分を発揮できないから成長が頭打ちになります。

どちらのケースも、車でいえばアクセルとブレーキを同時に踏み込んでいるようなもの。人生がなかなか思うように展開せず、そのうち燃料切れになってしまうというわけです。

人は生まれ育った家庭や環境に適応するように自分を作りながら生きていきます。

努力を大切にする家族の中で育つと努力を重視する人に育ちますが、たまたま兄弟の能力が高くて自分は努力しても兄弟には敵わないと気づいたら、努力を放棄する人になる場合だってあるでしょう。

ただ、どちらも環境に適応しながら生きていることに変わりはありません。私は努力を大切にするとか、私は努力が嫌いだといった具合に、人は環境適応的に作った自分を「これが私だ」と思い込むようになります。

幼少期からあまりにも長いこと環境適応的な自分をやっているから、大人になるほど「本体」の自分がいることに気づきにくくなっていきます。すると放っておかれた本体の自分が、自分の存在を認めてほしくて叫び始めるのです。

その声をさらに無視していると、うまくいかないことが日常に増えていきます。疲れていて本来の調子ではないから、健全なジャッジができなくなってしまいます。

疲れを感じて、自分に適切な休息を与えられるのは成熟した大人だけです。あれもこれも！　と頭からタスクが離れず、眠れなくなるようなときほど、まずはゆっくり休むことを自分に許可するタイミングです。

タイミングがわからないなら、次の質問を自分に投げかけると効果的です。

・ゆっくり深い呼吸ができていますか？

・最近、友人と他愛のない会話を楽しみましたか？
・1ヶ月以内に、何も予定がない1日を過ごしたことはありますか？
・何を終わらせたら自分はゆっくり休めるのか、具体的に即答できますか？
・その仕事や心配事が「落ち着く」のは、1ヶ月以内ですか？

ひとつでも「いいえ」があるなら、思い切って少し休むことをおすすめします。

まずは半日~1日だけでもいいので、「今日はこれでおしまい！」と仕事に区切りをつけ、**決して生産性のあることはしない**と決めて過ごしてみてください。

おそらく、最初は手持ち無沙汰になってついスマホでSNSを眺めたり、ネットや本で何かをインプットしたりすると思います。そういう人にとって生産性のない時間とは「無駄な時間」で、何もしていないことが不安に思えて仕方ないのです。

休むことに罪悪感を覚えて、本体の自分の「疲れ」に気づかぬフリをする原因は、恐れが大半です。休んでしまったらもう仕事に行けなくなりそうとか、だらしない自分が出てきてしまったらどうしようという「自分」への恐れなのです。

がんばっている自分が好きなのと、恐れからがんばり続けているのとでは体感も出てくる結果もかなり違ってきますが、この違いは休んでみないことには理解できません。限界までやらないとがんばったことにならないのも、自分は価値のないダメ人間だからがんばらないというのも、同じ穴のムジナです。

まずは休んで、できるだけぼーっと過ごして、本体の自分に戻りましょう。余裕のない自分に予定を詰め込む前に、充電して本来の自分に戻るのです。

何もない日も、ぼーっとできる自分も好きと思えるのが、幸せな大人の余裕です。

✓ 休むことをタスクに入れられるのが、成熟した大人

Section

10

占いやスピリチュアルに救いを求めてしまう

占い師やスピリチュアル的思想、メンターと呼ばれる人の言葉。

それらを参考にしつつ、自分で物事を決められる場合はいいのですが、のめり込んだり、依存的になったりしてしまう場合にはちょっと注意が必要です。

なぜなら、自分で決められない、決めたくないことを、占い師やメンターに**「決めてもらいたい」という無意識の欲求**を持っている可能性が高いからです。

この男性と結婚して本当にいいのか。

いまの職場を辞めるべきか留まるべきか。

ＡとＢのどちらを選べばもっと成功できるか。

自分で選んで失敗したら怖い大きな選択ほど、他人に選んでもらおうとするのです。あるいは、自分が「こちらであってほしい！」と願う選択肢について、「大丈夫」という後押しをもらって安心したい場合もあるでしょう。

「大丈夫。その男性が運命の相手ですよ」なんていわれた日には、迷いが一瞬でスパッとなくなって、急に晴れ晴れしい気持ちになったりするから不思議なものです。

ただし、このカラクリは危険です。彼が本当に運命の相手かどうかは、彼女自身が彼と向き合い、自分で答えを出さないことには永久にわからないはず。でも占いやメンターに依存していくと、信奉する誰かの一言だけで彼を運命の相手だと信じ込もうとしてしまいます。

実際のところは、「彼で本当にいいのかな？」と悩む必要が一瞬、なくなっただけ。それでスッキリしているだけだということに、気づけていません。

目に見えない漠然とした不安が世に蔓延《まんえん》している現代は、占いやスピリチュアルな思想も、人生をサポートするツールとして有益だと私は思っています。でもそれはあくまで参照できる情報のひとつ。占いやメンターの言葉に依存してしまう場合、それ自体を「自分の選択肢」にすり替えてしまうところに問題があります。

不安に駆られて占いやメンターの言葉に安心を求めるのは、自分の選択をゆるせていないからです。もしかしたら、心理学用語でいう**「解離」**という現象が起こっているからかもしれません。

人は誰しも「本体の自分」と、自分の中にいるもうひとりの自分＝「サブパーソナリティ」が会話しながら思考し、物事を判断しています。しかし「解離」が起こっているときは、その会議に「本体の自分」が参加していません。

どういうことかというと、サブパーソナリティの、そのまたサブパーソナリティが現れて、本人不在のまま勝手に会話を繰り広げているのです。

このふたりめのサブパーソナリティが「メンターの言葉」であり、「占い師のアドバイス」だと考えれば、問題の構造が見えてくると思います。不安から占いやスピリチュアル的思想などに物事の判断を頼りすぎていると、**自分会議**という名の必要な**「葛藤《かっとう》」**に向き合えなくなる危険性があります。

本人不在で進む自分会議の何が危険かというと、自分の知性とハートがやがてフィットしなくなって、取り返しのつかない苦しみを背負うリスクがあることです。

「運命の相手だから大丈夫」という「知性」で結婚相手を選んでも、ハートが相手に惚れていなかったら、結婚したあとで別の誰かに本気の恋をして辛《つら》い思いをするかもしれません。

「これをすれば成功する」という「思考」で仕事を選んだら、やがて本当に好きなことを仕事にしていきいき働く友人に嫉妬《しっと》する未来が待っているかもしれません。

葛藤《かっとう》から逃げたツケは、時間が経過するほど、ひずみとなって現実に表れます。生きていく上で不足はなくても、「この人生で本当に良かったのか」といううっすらとした疑問が頭から離れないのは、相当なストレスです。私の講座には、そんな漠然としたストレスに悩むクライアントが、毎回のようにやってきます。

占いやメンターの言葉を本当の意味で人生に活かすなら、次に挙げるふたつのポイントを押さえておく必要があります。

ひとつめは、どんなアドバイスを参考にしようと、**最終的に判断するのは自分**という意識を持つこと。自分の覚悟さえ決まっていれば、結果がどうあれ納得はできます。

ふたつめは、占いもアドバイスも**自分がいい気分になれる使い方をする**こと。朝のニュース番組で「今日のラッキーアイテムはスマホ」なんていわれたら、「誰かから連絡がくるかも？」と少しだけ楽しい気分になれますよね。でもそれが「今日は電車に乗ってはいけない！」なんて緊迫した感じになると、ちょっと重たくなります。

自分の意欲やいい気分が削がれたり、本来の生き方ができなくなったりするような情報に、振り回される必要はありません。どの情報を採用するかを選ぶ力を、誰しもちゃんと持っているのですから。

✓ 大事なことを他者に「決めてもらいたがっている」矛盾に気づこう

Section

11

「ごめんなさい」や「わからない」が素直にいえない

「ごめん」や「わからない」を素直にいえない——そこには、むしろ「いいたくない」可能性が潜《ひそ》んでいます。

もっというと、そんなことを「いってはいけない」と自分に禁じていませんか？

なぜなら「ごめん」や「わからない」をいってしまったら、「自分がダメなことがバレてしまう」ようで怖いからです。

他者に意地を張って謝れない。反射的に知ったかぶりをしたりウソをついたりしてしまう。こういった人たちは、自分の能力を**「自分化」**しやすい傾向があります。

自分化とは、自分が持っているモノや技能などを自分自身の価値に直結させてしまうことです。自分化してしまう人にとって、**間違いや無知を認めることは、自分自身が無価値になることと常にイコール。**

無価値な自分がバレたらみんなに嫌われるのではないかと無意識に恐れています。だからミスを犯しても、自分から謝るわけにはいきません。

もしかすると子どものころ、勇気を出して謝ったのに「ごめんで済むなら警察はいらない！」なんて、イライラした大人たちにキツく叱られたのかもしれません。あるいは親に「教えて」と聞いたら、「ママ（パパ）は忙しいから自分で調べなさい！」と怒鳴られた記憶があるのかもしれません。

そうやって萎縮してしまった子どもは、いつしか「簡単に謝っちゃいけないんだ」「教えて欲しいなんていっちゃいけない」と誤解していきます。

実は経営者や管理職の男性など、社会的地位のある優秀な方によくある悩みです。怒られないようにたくさん勉強し、正しいことをしようと人一倍の努力で自分を守ってきたことが、その立派な地位を築く原動力にもなったのでしょう。

でも、冷静に考えればやっぱりおかしな話です。普通の感覚なら、「わからない」ことを「わかる」とウソをつく方が間違っています。意地を張って謝れない態度は大人げないどころか、仕事なら信用問題に関わります。

ここが理解できたなら、あとは意識的に「ごめん」や「わからない」を発して慣れていくトレーニングをするだけです。

失敗や無知を認めることが、「なんてことなかった」と肚《はら》に落ちれば、人は自然と「自分化」のオリから脱出できます。

しかし私の受講生たちの中には、理屈を頭で理解できても、認めたくなくて思考がフリーズしてしまう方が少なくありません。

わかってしまったら自分の「負け」を認めるような気がして怖いのです。そういった場合は、次の「どっちが上か下か、常に勝ち負けを気にしている」もセットで読んでみるといいでしょう。

たとえばどんな上司でも、自分の失敗を「ごめん！」と素直に謝れる人の方が慕われやすいし、人として魅力的に見えるものです。

「簡単に謝ってはいけない」と自分をキツく縛っていたロープが外れたとき、あなたはもっと**魅力的**で、**人に愛される自分**になっているはずです。

✓人は「失敗」に苦しむのではなく、自分への評価に苦しんでいるだけ

Section

12 どっちが上か下か、常に勝ち負けを気にしている

年収、仕事、見た目、パートナー、家や車、着ているモノ。

自分や他人が持つあらゆるモノに独断で勝ち負けという価値をつけて、その優劣を比べようとする人は本当にたくさんいます。

もしご自分に少しでも思い当たるフシがあるなら、おたずねしましょう。

勝ち負けが気になっている時点で、そもそも自分の「負け」を認めていることにお気づきでしょうか？

勝ちたいと思っていることが、すでに負けなのです。

勝ち負けを意識している限り、常に負けからスタートせねばならないのです。

1日の間に、いったい何回くらいその勝負をしているのでしょう。

何にどれだけ勝利したら満足するのか、考えてみたことはありますか？

無意味でキリがない戦いだと気づいても、まだこれを続けたいですか？

自分で自分を認められている人は、そもそも勝ち負けが気になりません。**他人に勝とうが負けようが、自分の価値が変わるわけではない**と知っているからです。

少し前に「女子力」という言葉が流行しました。これは女性として自分が「負けている」と感じている人が、そのストレスから自分を守るために作り出したうまい言葉だな、と私は思ったのです。

「女子力が高い！」とねぎらえば、女性として自信がない自分がなんとなく消されるような気もします。世渡り上手な誰かのようになれない自分を、そっとカムフラージュしてくれる効果もあるでしょう。

逆に「いい歳して女子力なんて！」と、女子力磨きに勤《いそ》しむ人をあえて否定するケースもありますよね。本来、他人がどんなふうに自分磨きをしようが自由なのに、彼女らもまた女子力を磨いている（ように見える）人々が気になって仕方がないのです。
つまり「女子力」というワードに過剰反応する人々は、タイプは違うように見えても結局勝ち負けが気になっています。

逆に勝ち負けの世界で生きていない人は、誰がどんなふうに自分磨きをしていようと「ご自由に」と思います。もちろん、誰かのやり方をわざわざ否定することもありません。

勝ち負けの世界で生きるのはどうしても苦しさを伴います。

ことあるごとに自分を「ダメなやつだ」と厳しくジャッジしてくるもうひとりの自分が、常に肩の上に乗っているようなものですから仕方がありません。

ずいぶん前のことですが、雑誌に書いてあった次のようなコラムを読んでうなってしまったことがあります。

「現代の日本人にとって、老いは負けだ」

読んだ瞬間、私は「確かに！」と思わずヒザを打ってしまいました。

「老い」という誰にでも当たり前に起こる現象にさえ「負け」のレッテル貼りをしてしま

うのが現代人。もう「勝ち負けの罠」から逃れられないような気さえしてきます。

でもご心配なく。この悩みを解決するのは、結構簡単です。

単に**「選択の軸」を変えればいい**だけだからです。

勝ち負けの世界で生きるも、勝ち負けのない世界で生きるも自分で自由に選べます。どちらで生きるも本当に正解ですし、その人の**「好み」で決めていい**のです。

苦しくてもジャッジしたい、競争した方が楽しいならそれもひとつの生き方。でもその場合は、他人に勝つより**「自分に勝つ」**を目指すのがおすすめです。

たとえば「昨日の自分に勝つ」を日課にすれば確実に**成長**します。毎日繰り返したら、1年後にはかなりの差がつくはずです。

✓ 人が勝負で成長するのは、「過去の自分」に勝てたとき

Section
13
白黒ハッキリさせようと焦って失敗しがち

人はよく「どちらか」で悩みます。

右か左か、ＡかＢか、正しいか間違っているか、安心か不安か、対峙か妥協か。

恋愛はもちろん、仕事のやりとりにもよくあることです。「私は白黒ハッキリさせたいタイプなので」と、自己申告してくる人もよくいます。

決断力という軸で考えれば、覚悟を決めてスパッと選べる潔《いさぎよ》さは大切でしょう。でも白黒ハッキリさせようとしていつも失敗してしまうパターンをお持ちなのであれば、話は別です。

それは、白黒つけないと安心できない人である可能性があるからです。曖昧《あいまい》なままにしておける、グレーの本当の強さを知らないのかもしれません。

二者択一を迫られたときに**慌てて返事をしてしまうと、後悔する**ことがよくあります。コンピューターのように即ベストな選択を出せたら優秀なのかもしれませんが、悩むことが必要なときだってあるのが人間です。

いろんな可能性を想定しながら、わからないなりに進むというグレーの選択は、実は人生のかなり多くの場面で必要とされます。だからこそ、**「ちょっと考えます」**という「即レス」を使えるのはひとつの力なのです。

すぐ白黒つけたい人は、わからないことをペンディングしておけません。

白黒つけない相手に対し「決断力がない」と感じてしまう場合もあります。恋愛で返事を迫ったり、自分の価値観を押し付けたりしてうまくいかないのはまさにこのパターンです。

もちろん、時には白黒ハッキリさせることも必要です。ただし、そのことについて悩み、考え続ける体力がないから、二者択一でさっさと決めてしまいたいだけだとしたら、注意が必要です。目的が悩みの解決ではなく、苦しい状況を終わらせることにすり替わってしまうと、本来の目的を見失います。

そんな自分に疑問を感じているなら、そろそろ**グレーに身を置ける強さ**を獲得すべきタイミングなのかもしれません。人生には「どちらか」ではなく、**第3の答え**を選べるときがあるのです。

白黒決められない、状況が止まっていること自体に意味があると思えたならどうでしょう。選択肢がもっと彩《いろど》り豊かになっていく気がしませんか？

私の講座にくる受講生の中にも、この悩みを持つ方はよくいらっしゃいます。そんなとき私は「『決めない』練習をしましょう」と提案します。

たとえば、目の前に2種類のケーキがあるとしましょう。

どちらもおいしそうですが、子どもやパートナーと分け合って食べるとなったら、白黒はっきりしたい人ならまず「どっちを選ぶか？」を考えると思います。

そんなとき、「どっちも食べたいから、半分こしない？」といってみてほしいのです。どちらのケーキもおいしそうだから、半分こして両方とも食べればいい。そんな選択もあることを体感していただくための簡単なトレーニングです。

いますぐどちらかに決めないと安心できない。そんなふうにソワソワした気持ちが湧いてきたら、**「決めないからこそ得られるもの」**にも目を向けてみましょう。

意外かもしれませんが、人生で「グレー」を選んでおいた方がベターな場面は決して少なくありません。グレーを選べる強さは、あなたの人生に必ずや大きな**ギフト**をもたらしてくれると思います。

✓ グレーな状況そのものに、受け取るべきギフトがある

Section 14

いつもぐるぐる考えているうちに物事がダメになる

考えれば考えるほど動けなくなってしまう、ということはありませんか？起こり得るいろんなケースを考えているうちに、迷いがどんどん深くなってタイム・リミットがきてしまうのです。

こんなパターンを繰り返してしまう場合、長く考えれば、より良い答えが出るとカン違いしている可能性があります。

そんなとき本当に強く握り締めているのは、**「失敗してはいけない」**という思いではないでしょうか？

「こうしたい」という自分なりの答えが本当はどこかにあるはずなのに、それが世の中や周囲の他者から見て正しいかどうかにとらわれてしまうから、動けなくなるのです。

別の見方をすれば、「正しさ」を軸に行動して、自分の選択から生じる責任を無意識に回避しています。**「わからない」だって本当は立派な答え**ですが、そこに自分で「ＯＫ」を出せず正解を探し続けてしまうから苦しいのです。

「正しさ」を軸に正解をぐるぐる探し続けていると、やがて自分の存在感が霞《かす》んできます。自分なりの考え方や生き方で選択していないから、結局は何を手に入れても「しっくり」きません。

親の期待に応えているだけの「いい子」と同じで、本当の自信が育たないのです。


こういった場合は、**「速い脳」**を鍛《きた》えてあげるのが効果的だと思います。

人の脳には「速い脳」と**「遅い脳」**があり、あなたはいままで「遅い脳」ばかりを鍛えてきた傾向があると考えられます。

「遅い脳」とは、なんでもとりあえず時間をかけて考えようとする脳のこと。

たとえばランチに「うどんか、そばか？」と問われると、「うーん」と迷った末に最後は多勢に押し流されてしまう。あるいは何かを聞かれても即答せず、「いま選ばなきゃダメですか……?」などと回答を引き延ばそうとするクセがあるかもしれません。

70ページでご紹介したように、回答をグレーにしておけるのもひとつの力です。しかし、ぐるぐる考え続けがちな人は、そもそもの判断軸を自分ではなく「正しさ」に置いているので、どんな選択をしても不満が残りやすいという点に問題があります。

自分の「こうしたい」と、世間的な「正しさ」。どちらを軸に選んでも成功するときは成功するし、失敗するときは失敗するものです。

また、**長い時間をかけて出した結論が必ずしも正しいとは限りません**。もう大人になったあなたは、すでにそういったことを十分知っているはずなのです。

それでも長く考えたいのは、「速い脳」で選んでみた経験値が極端に少なくて、怖いと感じているだけかもしれません。

試しに毎日のランチメニューなど、日常の中にある小さな選択肢からでかまいません。自分の「こうしたい」を軸に、物事をその場でパッと選択するトライを積み重ねてみましょう。

そのうち、速く選んで失敗しても、大半のことは案外怖くないとわかってくるはずです。それに速い脳で昼食を選んだら、いまよりランチの時間が楽しくなるかもしれません。自分軸からの選択は、「自分らしく生きる」充実感を確実に生むからです。速い脳からの選択・決断に慣れてくると、いまよりも**「自分のことが好き」**になっていくことでしょう。

自分のことが好きだと、自分の選択や行動に対して**素直にＯＫが出せる**ようになります。**「あなたで生きる」**毎日が、そこから力強く始まるのです。

✓ 自分軸に基づく選択をすれば、後悔はしない

Section

15 「いえいえ私なんて……」と謙遜しすぎて損をする

「いえいえ私なんて」と過剰に謙遜《けんそん》してしまうのは、本音を悟られたくないからかもしれません。

謙虚さを出してうまく立ち回っているつもりが、いつの間にか周りに流されて、結果いつも何かが満たされない――気づけば自分だけ、欲しいものが手に入っていないような悔しい気持ちになることはありませんか？

あなたがもしそう悩んでいるのだとしたら、ひとつお聞きしたいことがあります。

あなたは本当に、自分の本音や願望を自分でわかっているでしょうか？

条件反射のように「いえいえ、私なんて」と謙遜する心理の裏側には、**自分の望みに正**

直でいることは恥ずかしい、といった強い信条が隠れていることがあります。

こういった人は、「ケーキを食べたい人？」と聞かれても、「自分から欲しがるのははしたない」と無意識に思っているので、誰かが手を挙げるのをじっと見ていたりします。そして順番にケーキが配られ、最後のピースが運悪く目の前でなくなってしまったとき、初めて「ケーキを食べたかった」本音に気づいたりするのです。

自分の欲求を自分でゆるせている人は違います。それを確実に手に入れるために人よりも早く挙手したり、「全員で等分しよう」といった提案をしたり、願望を達成するために様々な**工夫**をするからです。

しかし自分から欲しがれない場合は、まずは「食べたい！」という本音を悟られまいとカバーすることにエネルギーを注ぎます。そのうち本音すらも見えなくなって、叶えたい願望にはなかなか気づくことができません。

褒め言葉を素直に受け取れない心理も似たようなもので、「いえいえ私なんて……」といつも「褒められる価値のない自分」をアピールしてしまうから、周囲もそのうち「この人は褒めなくていい」と思うようになり、結果不満を抱えやすいのです。

人は自分を丁寧に扱わなかったとき、胸のあたりが本当にチクッと痛みます。

本心に気づかないよう思考でどんなにバリアを張っても、未処理の自分はちゃんと反応しているからやけに疲れたりします。まずは、その思いに気づくことが大事です。

たとえば友達と会う当日、なぜか身体が重いとき。

行きたいのか、行きたくないのか、思考で探ってもつかめない本音は、決めてしまうとわかることがよくあります。

私がかつてよくやったのは、ティッシュを丸めてゴミ箱に投げ入れる方法。

入ったら行く、入らなかったら行かないと決めてから投げ入れます。入ってホッとしたなら素直に行けばOK。逆に入らなくて安心したなら、行きたくないという自分の本当の気持ちを受け入れ、行って早めに切り上げるとか、そもそも行かないといった自分なりの対策を選べます。

こうして自分の本音をつかんでおけば、少なくとも無意識のうちに人に流される人生のパターンは変えられます。

コインの裏表、デジタル時計の偶数・奇数など方法はなんでもアリ。自分の本音を確かめる秘密の術をひとつ持っておくといいでしょう。

「望みを堂々と口にするのは恥ずかしい」といった思い込みは、幼いころに正直な自分を出したとき、親に「みっともない」「ちょっとは遠慮しなさい」などと注意されて形成されている場合も多いです。

そのとき誰かが「正直でよろしい！」と笑ったり褒めたりしてくれさえすれば、人生は違っていたかもしれません。逆にいうと、その程度のことで形成された価値観を、私たちは大人になっても頑《かたく》なに採用していたりするのです。

また、正直に欲しても必ず手に入るとは限りません。手に入れたけれどやっぱり違った……ということさえ、人生にはよく起こります。

ならば、もっと気軽に自分軸で選択し、前に進むことに慣れてしまっても損はないのではないでしょうか？　自分の本心を受け入れ、それを正直に表明できなかったら、あなたという人間は一体どこに存在するのでしょう。

大切な自分を自分で裏切り続けて、幸せになれるとは思えません。

自分への正直は、練習すればしただけうまくなって、あなたの人生に**「得られるもの」**を確実に増やしていってくれます。

✓ 本当の願望に基づく選択なら、決して損はしない

Section
16
期待に応えようとして空回る、人に都合よく使われてしまう

人の期待に応えようとしすぎてしまう場合、**自分ではなく誰かの人生を生きようとしている**可能性があります。

実家にいるときは親の人生。

夫婦生活では旦那や子どもの人生。

働いているときは上司や社長の人生。

仲間やママ友と過ごしているときは……ｅｔｃ．

私の講座にいらっしゃる方々は、有名大学を卒業し人が憧れるような仕事、収入を得ている人も多いですが、そんな人たちでも、自分の生き方に迷っています。

それはなぜなのか？

人の期待に応える能力が高かったがゆえに、自分のしたいことを選択する力をつける機会を失ってきたのではないかと私は感じています。

人の期待がわかる、つまり空気が読めることは社会生活を営む上で大事な能力ですが、彼らは空気を読んだ上で**「自分はどうしたいか」**を選ばず、相手の望み通りの自分をそのまま演じる人生をやってきてしまったのかもしれません。

だから、自分が予測した通りに相手から反応をもらえれば自信が湧きます。薄い反応や「それは違う」といった反応であれば、途端に落ち込んで自信をなくしてしまいます。「心が折れやすい」とはまさにこのことです。

親でも赤の他人でも、周りの人間はそれぞれに勝手なことをいいます。それなのに自分ではなく周りの声で生き方を判断していると、自分の中心から自分がどんどん離れていき、どう生きたいのかといった自分の声が、そのうち本当に聞こえなくなってしまうのです。

このタイプの中には、**人の役に立ちたい**と考えている人もよくいます。

もちろんそれ自体は素敵な考えですが、たとえ感謝されなくても自分がやりたいからやるという覚悟があるか、そこを無視しないことが大切です。つまり、人の役に立っているかが気になって辛《つら》くなってしまうようなら話は別。

人助けをして相手が自分の期待に沿わない反応をしたら、「こんなにがんばったのに」と怒りが湧いたり、悲しい気分になったりするかもしれません。あるいは相手に感謝されるためにがんばりすぎると、空気が読めて役に立つ便利な人として、ズル賢い人間に利用されてしまうケースだってあるでしょう。「いつも都合よく扱われる」と感じるカラクリはまさにこれです。

親を含め、誰かの強いコントロール下で育った人は、大人になっても他人の顔色をうかがいながら生きてしまいます。

本人的にはそれが当たり前なので気づきにくいのですが、そうして環境適応的に作ってきた自分は、いつかどこかで行き詰まりを覚えます。

人の期待に応える自分で在り続けるとは、**評価される側**の人間で在り続けているのと同じです。

友達や恋人を選ぶにも、「こんな人と一緒にいたい」ではなく、「自分を選んでくれた人を選ぶ」という受動的な選択をします。その結果、「本当にこの人で良かったの？」という疑問が時間の経過とともに湧いてくるケースが多いです。人間関係全般に同じことがいえるでしょう。

きっと、ひとたび誰かの期待を察知してしまったら、その通りに動かなくてはいけないような気がしてしまうのですよね。

でもそれは、自分があくまで「評価される側」に立ち続けていればの話です。

「評価する側」に立てば、見える世界は瞬《またた》く間に変わります。周囲の空気も読んだ上で「でも、私はやらない」を選ぶこともできるようになるのです。

そもそも「良かれと思って」と他人に世話を焼くときの心のベクトルは、相手の方を向いているようで実は自分に向いています。相手の立場になって気持ちを想像すると、妙なプレッシャーや恩着せがましさを感じないでしょうか？

他人の期待に応えすぎる自分に疲れて、人生に行き詰まりを覚えているなら、それは誰かの人生を生きることをやめるときがきたという明確なサインです。

始めるのに遅いということはありません。
いまこそ、**あなた本体で生きる本当の人生**をスタートさせるタイミングです。

「評価する側」に立つと、自分本体で生きる人生が始まる

Section

17

優柔不断で物事を自分でなかなか選べない

優柔不断でなかなか決められないとき、その悩みは本当に、選ぶことができない＝「cannot」なのでしょうか？

「私、優柔不断なんです。ごめんなさい」とは、「私は決めません。責任を取りたくありません」という決意表明と実は同じ。

なんらかの理由で**「選ばないことを選んでいる」**のです。決して「選べない」わけではないことに気づく必要があります。

優柔不断は、幼少期からの親の影響が強いです。「どっちにするの？」と問われて選んだものが間違いだったとき、親に責められるパターンが多かったのかもしれません。

AとBからAを選んで「失敗だった」と感じたとき、「Aを選んだのはあなたなのだからAでガマンしなさい」などといわれ続けると、ガマンしてしまうクセがつくのです。

選択に失敗した自分は悪い、選択を誤ったらガマンしなければならないといった思い込みがあると、さらにもっと深いところにいる本体の自分が**「選びたいものを選べていない」**という**罪悪感**を抱えることになります。

逆に、親や身の回りの誰かが「残念だったね。次はBもやってみればいい」といった言葉をかけてくれていたら、子どもが受け取るものはかなり違ってくるでしょう。

人は他者に間違いをゆるしてもらえると、間違いは誰にでもあるとか、失敗したら選び直せばいいなどと考えられるようになります。

選択を誤ったからといって、自分自身の価値が失われるわけではありません。決断力のある人はそのことをよく知っています。

また、人には意見を変える権利というものがあります。

人生には一度選び間違ったら、取り返しがつかないことももちろんあります。けれど仕事や結婚相手でさえ、何度だって選び直せるのもまた人生。**決めたものが間違っていたら、選び直せばいい**のです。

間違うのが怖いから優柔不断になってしまうのは、「間違えない自分」を自分の価値だと誤解したまま大人になったから。

途中で意見を変える自分を選んでも、あなた本来の価値が変わることはもうありません。

✓ 選択を間違っても、人は選び直すことができる

Section

18

とりあえず多数派についていってしまう自分が情けない

多数派に流れる理由は、主に2種類あると思います。

ひとつは、考えたけれど本当にわからないから、多い方を能動的に選ぶケース。

もうひとつは、自分の意見は別として多数派についておこうとするケースです。

どちらも長いものに巻かれていることには変わりありませんが、仮に多数派の答えが「間違い」だった場合、両者の反応はまったく違ってきます。

前者の場合、失敗しても自分の選択なので結果を素直に受け入れられるでしょう。

しかし後者はちょっと違います。

「私も本当は違うと思っていたんだけどな」などとモヤモヤした感情を味わいつつ、後出しジャンケンのようなことを考えがちです。

もしも自分の意見を押し殺してまで多数派でいることに安全や安心を感じたいのだとしたら、タイプとしては後者に近い可能性があります。

多数派でいることに安心を感じている人は、**間違いはとても危険なこと**だと感じています。だからこそ、自分だけは間違わずに生きたいと考えているかもしれません。

でも、**人は間違えることが普通にある生き物**です。

職場において人気が出やすいのは、失敗知らずの成績優秀な上司ではありません。

多少ミスすることもあって、なおかつそれを「間違っちゃった」と素直に認められる上司が、実は部下に一番慕われます。

なぜなら、そんな上司であれば部下も必要以上にミスを恐れることなく、思い切り仕事に取り組めるからです。

つまり間違えること自体はごく普通で、大したことではないのです。

しかし自分の意見を表明せず、多数派に流れる生き方が普通になっている人にとっては、失敗や人と意見が違ってしまうことが普通ではなくなっている可能性があります。

この場合は、トレーニングして**自分の選択をする筋肉**をつけることが可能です。

たとえば仲間内で食事に行くとき、みんなが「肉がいい」というなら、「私は魚がいい」とあえて少数派の意見をいってみるのはどうでしょう。

このとき、結果的に肉料理を食べに行くことになってもまったく問題ありません。

みんなとは違う**「私の意見」を言葉で表明**すること、それが却下される（間違う）ことを体感するのが目的だからです。

体感すれば、「意外と大したことがない」ことが少しずつ理解できると思います。逆に意見を表明したら摩擦《まさつ》が起こるような人間関係なら、その付き合い自体を見直した方が賢明かもしれません。

このトレーニングを続けていると、**人とは違う自分という己《こ》**が、そのうちはっきりとした輪郭を持ち始め、やがて太くしなやかな軸となって育っていきます。

多数派に流されて得られる安心感と、**自分という軸**に支えられているどっしりとした安定感。

どちらをベースに選択するのかを、そろそろ選び直すときなのかもしれません。

✓ 自分軸に支えられた安定感は、揺るがない

Section

19

何かに一生懸命で必死になりすぎるのはカッコ悪いと思う

「あんなにがんばっちゃって」「あの人、必死だよね」。

そんなことをいって、他人を高みから見物していることはありませんか？

誰の心の中にも、**「がんばりたい」**という気持ちはあって自然なものです。ただし、がんばってもしもできなかったらと思うと、不安だからがんばれない……ということはあるかもしれません。そんなカッコ悪い自分は自分で絶対に認めたくないからです。

一方で、誰かががんばって何かを実現してしまったら、がんばる⇓できない⇓カッコ悪いという信条が揺らいでしまいますね。だから必死になって何かをがんばっている人を批判するような立場に身を置いてしまうのです。

このタイプの人は、「カッコ悪い」や「ダサい」を正しくないことだと誤解しているところもあるかもしれません。

自分がやることなすことすべて、他人からダサいといわれないこと自体がゴールになっていないでしょうか？　本来の目的を見失っていませんか？

人の一生懸命さをカッコ悪いとする価値観を生んでいるのは、過去に同じようにがんばって他人にバカにされ、傷ついてしまった未処理の感情なのだと思います。

そもそも自分が傷ついているのに、それでもがんばる他者を批判したくなるのは、**傷を負っている自分を未だ受け入れられていない**からなのかもしれません。

批判されて傷ついたあのとき、本当はどうしたかったか。あるいは、誰にどうして欲しかったかを考えてみるのは有効です。

本当は応援してもらいたかった、がんばってるねと誰かに認めてほしかった悲しい思いが、「批判される自分が悪い」という自己否定に押しつぶされて、なかったことにされているかもしれないのです。

そこで自分の気持ちを押し殺してしまったあなたは、人の評価を軸に物事を判断するというルールを、無意識のうちに身につけてしまった可能性があります。

私たちはこんなふうに、子どものころに身につけたルールを大人になっても使い続け、それが人生の足かせになっているのに気づけないことがよくあります。

でも、そのルールは書き換えることが可能です。

がんばる自分にあなた自身が許可を出せたなら、努力する他者のこともまた素直に応援できるようになるはずです。

✓ 本当は誰よりもがんばりたかった自分に気づく

Section

20

うまくいかないのは「理想が高すぎるから」といわれがち

人に夢を語れば「もっと現実的になれ」といわれ、恋人ができないと打ち明ければ「理想が高いんだよ」と呆れられる。そんな経験はありませんか？

もし身に覚えがあった場合、あなたは人生がどうなれば本当に満足できると思っているでしょうか？

誰も見ることはないし、何を書いても責める人はいませんから、自分の本当の願望リストを作ってみてください。正直な欲望を紙に書き出して、一度じっくり見てみるのです。

・ラクに起業して成功する

・年の半分は遊んで年収を３００万円アップ
・カッコよくてお金持ちな夫に愛される
・かわいい子どもを２人産んで、子育ても楽しむ
・あと５キロ痩《や》せてキレイになる
・一戸建てと自家用車が２台欲しい
・親や家族がいつまでも健康で元気にいてくれる……ｅｔｃ．

他人に「あなたは理想が高すぎる」といわれがちで、人生が思うようにならない人には、ある共通のパターンがあります。

願望が多すぎるから、理想が高すぎるから実現しないわけではありません。それらの願いが**「同時に」「できるだけ短期間で」**叶わなければダメだと思っているところに無理や矛盾があるのです。

もしかするとあなたは、美しい身体も、理想通りの彼氏も、ラクに稼げる仕事も全部一緒に、なるべく短期間に手に入れなければならないと、自分にプレッシャーをかけている

ようなところがないでしょうか？

テクノロジーが進化するスピードがどんどん速くなる現代、人々はこの「短期間」という言葉に少なからぬプレッシャーを感じているような気がします。

大学時代に起業するとか、遊びで作ったブログが1年後に書籍化したとか、日本人は「若くして」「早々に」成功した誰かのストーリーをことさらに称賛するからです。短期間で成功することこそ、成功の象徴であるかのように錯覚している人も多いです。

その結果、焦ってあれもこれもとがんばりすぎて疲れてしまいます。私にはそんなことできない……と途中で投げ出してしまうのも無理はないでしょう。

では、そんな自分を変えるにはどうしたらいいでしょうか。

先ほど書き出した願望リストを見てください。その中にある、いまの自分でもすぐに手をつけられそうなもの。これを**ひとつ実現する**のが、夢を叶える最短コースです。

でもひとつ注意点があります。

たとえばなるべく早々に子どもを産みたいなら、何キロも痩《や》せてキレイになるとか、仕事に関するタフな目標は後回しでもいいはずです。家を建てる願いを叶えるにも、希望条件と現実的な予算にどこかで折り合いをつけなければ、計画は遅々として進まないでしょう。

願いをひとつ実現するには、現実と折り合いをつけ、**取捨選択する覚悟**がまず必要です。これを実現する代わりに、いまはこれを捨てる。そういった取捨選択は意識的にやらないと、中途半端なものばかり手に入れて「まだ足りない、満たされない」と探し続ける人生になりがちです。

すべてを短期間で手にしたように見える成功者だって、大半はひとつずつ目標をクリアしています。私たちは彼らが咲かせた「花」の時期をたまたま見ているにすぎません。

願望を実現するために必要な要素は次の3つです。

1　全部を一気に叶えるのではなく、ひとつひとつ実現していくこと

2　やると決めたらそれを選択し、それ以外の何かをいまは捨てる覚悟を持つこと

3　「短期間で」「いますぐに」といった幻想に惑わされないこと

ココ・シャネルは「20歳の顔は自然から授かったもの。30歳の顔は自分の生き様。だけど50歳の顔にはあなたの価値がにじみ出る」といっています。アメリカのエイブラハム・リンカーン大統領は「40歳を過ぎたら自分の顔に責任を持ちなさい」といいました。

私は自分の生き方に迷っていた20歳のころ、こういった言葉に救われました。40歳になるまで20年、60歳になるまで40年もある。いますぐに成功するのは無理でも、20年、40年もあればどうにかできるのではないかと思ったからです。

自分はいま、何年後に、どんな花を咲かせるための行動をしているのか。**自分を振り返る時間**を少し取って、それからギアを入れ直してもまだ遅くはないはずです。

✓ 理想が高いのではなく、取捨選択をしていないだけかも？

Section 21

やりたいことがわからない

やりたいことを探し、自分を探し、何ヶ月も何年も探し続けて、それでもやっぱり「やりたいことはなんだ？」と考え続ける。

それってどこか、やりたいことを特別視しすぎていないでしょうか？

なんなら、もはやそれを考え続けることが目的になっていないでしょうか？

学生のころ、バッチリ勉強をしてきたにもかかわらず、試験当日に「勉強してこなかった」と宣言する人がよくいましたね。

この宣言は、試験結果がどう転んでも本人は傷つきません。試験が失敗に終わっても、勉強をしていなかったのだから仕方ないといえます。逆に良い成績であれば、勉強もしていないのに「私ってスゴい」ことにもできます。

本来は、単純にいい点数が取りたかっただけのはずです。

でもこのように、傷つくことを恐れるあまりそうでもないような態度で自分にウソをついていると、そのうちやりたいことが本当にわからなくなってきます。

やりたいこと探しに膨大な時間を費《つい》やす大人の大半は、こうして迷子になっていくケースが多いのです。

そもそも「自分が本当にやりたいことは何か」なんて、あればすぐに気がつきますし、「どこにあるのか」なんて、自分の外側に探しに行くようなものでもありません。

さらにいえば、「やりたいこと」はあるから良い、ないから悪いというものでもないのです。

人が何かを始め、やり続けるには意志の力が必要に思われがちですが、物事をスタートするには意志ではなく、**意欲の力**の方がずっと大事です。
私たちが**本当にやりたいこと（want）は、やるべきこと（should）とできること**

（can）に取り組んだ先や、その過程の中で見つかるケースが大半です。

しかしなんらかの理由からやりたいこと（want）にフタをし続けてしまった人は、そもそもやるべきことに取り組む意欲が湧かなくなっています。

つまり、本当にやるべきことに対する意欲が湧かないことを、「やりたいことがわからない」にすり替えて、回避している可能性もあるのです。

といっても「やるべきこと」は、難しい学びや修行のようなこと、社会に役立つことだけとは限りません。

休む、遊ぶ、逃げる、やめる……そんなshouldに気づけず逃げ続けている大人も多いです。

「がんばらなきゃ」「楽しまなきゃ」「やりたいことをやらなきゃ」。

ありもしないwantを探して「本当にやるべきこと」から目を背けていたら、人生はいつまでも「やりたいこと探し」の堂々巡りです。

だとすれば、いままず手をつけなければならないことはなんでしょう？

その答えはもうすでに出ている可能性が高いと思います。

それをいくつか完了させて初めて、本当のwantに出会えるのだと思います。

ちなみに、それでもやっぱり「やりたいこと」がわからない……と感じるなら、次の「自分が好きなことだけをやって、やりたくないことは避けたい」もぜひ読んでみてください。なんらかの気づきがあるのではないかと思います。

✓「やるべきこと」を乗り越えた先に、「やりたいこと」が見つかる

Section

22

自分が好きなことだけをやって、やりたくないことは避けたい

自分がやりたいことに本当に**没頭**したことがないと、大きな誤解をすることがあります。好きなことで生きていければ、やりたくないことはしなくて済むようになると思い込んでしまうのです。

これは大きなカン違いです。好きなことで生きていく道のりでは、**やりたくないことに直面する場面**も必ず含まれます。ただ、それすらも工夫してやれてしまうのが、好きなことに没頭している人のパワフルさなのです。

また、能力次第ではイヤなことをうまく避けられる人もいます。課題に背を向けていても、好きなことの能力が特別に秀《ひい》でていたら、階段を一段飛ばし、二段飛ばしできる場合

もあるでしょう。

しかし、それはなかなか難しいことです。


自分が好きなことだけをしていたい、やりたくないことはやらない。

それは残念ながら、私たちの人生においては不可能なことだと思います。

でも人はそもそも、**好きなことに対してがんばっている自分が好き**なものです。意欲を持って何かに打ち込み、没頭しているときは魂が喜ぶからです。疲れや多少の困難を乗り越えることさえも、どこか気持ちよく感じられたりするものです。

だからきっと、あなたがいま本当に選択したいのは、好きなことだけやれる自分ではなくて、**燃えるように何かに没頭できる自分**なのではないでしょうか？

ただし、**欲求には賞味期限**があります。やりたい気持ちには熱いうちに手をつけないと、いつの間にか消えていきます。その代わりに、やらなかった後悔だけが、時間が経つごとに際立って感じられるようになるのです。

だから、本当にやりたいことをやって自分を謳歌したいなら方法はひとつ。没頭できる対象を見つけたとき、「やりたい」という欲求が薄れる前に、そこに**飛び込んでしまうこと**です。

未知の経験に対しては、どれほど整えても準備万端になることはありません。苦手なことにどう対処するかは、走りながら考えるくらいでちょうどいいでしょう。

✓「苦手なこと」は、「やりたいこと」の中に必ず含まれている

Section

23

予定がないと不安で、ついい何かの予定を入れてしまう

スケジュール帳に空白があると「何かしなくちゃ！」と、妙に焦って不安になってしまう現代人は珍しくありません。

そもそも日々を忙しく夢中で生きている人に、予定のない１日が生まれたらどうなるでしょうか。

彼らは不安になるどころか大喜びして、すぐ自分がやりたいことに手をつけると思います。

しかし人生に「空白の時間」が生まれると焦りや不安を感じてしまう場合は、予定を詰め込むことで何かを埋めて安心しようとしている可能性があります。

ヒマな自分には価値がないと思っていたり、生産性の奴隷になっていたりするのかもしれません。

予定をいっぱいにしていないと安心できなかったり、休んだりサボったりすることに罪悪感を覚えたりする人は、まず間違いなく疲れています。

疲れていては判断力も鈍りますから、まずは休みましょう。スケジュールを空けて、**今日は何もしない**と決めて1日を過ごすのです。

いざやってみると何もしないことが苦痛で、あれこれ用事を探したり、どこかへ行こうとしたり、誰かに連絡したくなったりすると思います。

「何か生産的なことをしなきゃ」とつい不安になるのは、何もしないことに罪悪感を感じているため、あるいは本当に取りかからなければならない何かから意識を逸《そ》らすために、自分の中の悪魔が巧妙に仕掛けてくる罠のようなものかもしれません。

何かをせずにはいられなくなったら、ゆっくりコーヒーを淹《い》れて飲むとか、10分程度の散歩をするといったような、自分が心地よくできることを意識的にやってみます。

するとだんだん、**空白の時間に身を置くことに慣れてくる**はずです。

何もせずボーッとする。休日の午前中だけでもこれがラクにできるようになったら、大きな進歩です。

空白の時間を作る本当の目的は、**人生において本当に重要なタスクに取り組むため**です。この場合のタスクは「休んで、健全な判断力を取り戻すこと」。無駄な用事を削ぎ落とさないと、本当に重要なタスクが埋もれてしまうのです。

忙しいと口にしながらも、次から次へと予定を入れたくなるのは、そこにメリットがあるとも考えられるでしょう。

充実しているフリをして、本当に取りかからなければならない何かから目を逸《そ》らしている可能性もあります。まるで幼いころの夏休みのよう。本当は溜まっている絵日記や宿題が気になって仕方ないのに、プールや虫取りに出かけてしまうあの後ろめたさにも似ています。

1日は誰もが平等に24時間を与えられているように見えて、実はそうでもないのかもしれません。

その時間を、不安を埋めるための予定でいっぱいにして過ごすのか。それとも、**「こんな自分が好き」**と心から思える時間を楽しみながら過ごすのか。

せっかくなら、人生の充実度と満足感が増す過ごし方を選びたいものです。

✓ 人生の余白は、本当に重要なタスクに取り組むためにある

Section

24

セミナーなどでインプットしても、アウトプットの仕方がわからない

セミナーで学んだ瞬間はやる気が出るのに、いざ実践となると途端に何をしていいかわからなくなってしまう。

アウトプットを尻込みしているうちに、何を学んだかさえ忘れてしまう。

それはもしかすると、わからないことにしたいのかもしれません。

なぜなら、**アウトプットこそ本当のチャレンジ**だからです。

永遠に本番がこないテスト勉強をしているようなものです。テストをしなければ自分の能力を隠しておけます。

さらに、学びの目的自体が曖昧《あいまい》な場合もあるでしょう。

実際、あれこれ資格は持っていても結局何がしたいのかわからず、仕事に活かせないことはよくあります。これは日本の義務教育が、基本的にインプット方式で成り立っていることの弊害《へいがい》でもあるかもしれません。

アウトプットが苦手な人は、勉強熱心で真面目な方も多いです。熱心なだけに、学んだからには成果を出さなければという妙なプレッシャーも抱えやすいのです。

インストラクター資格を取得＝独立して事業を興《おこ》す、絵を学ぶ＝画家になって売れる……といったように、最終ゴールにいきなりたどり着くこと、つまり結果を出すことをアウトプットと捉えていたら、尻込みしてしまうのも無理はありません。

こういった人々は、アウトプットの意味そのものを誤解しているだけなのです。

ならば、最も簡単なアウトプットをおすすめします。

自分の学びを誰かに教えることです。といっても大袈裟に考えなくて大丈夫。家族や友人に「今日はこんなことを学んだ」と報告する程度で十分です。

周囲の人に話すと、他人から「これはどういうこと？」などの質問が飛んできます。やりとりをしていると自分の知識の曖昧《あいまい》な部分がわかったり、モヤモヤしていたことを言語化できたりして、結果的に自身の学びが深まる効果があります。

私の講座の受講生で、息子さんが東京大学に入学したお母さんがいらっしゃいました。

彼女は決して学歴が高いわけではなく、また彼女の両親や親戚の中にも、東大のような難関大学に進学した方はいなかったとのことでした。

彼女の教育法はとてもユニークで、息子さんが小学生のとき、「家に帰ったら学校で教わったことを毎日ママに教えてほしい」と伝えたそうです。

大好きなママに勉強を教えてあげるのだから、息子さんはさぞはりきって勉強したことでしょう。これをゲーム感覚で楽しみながら、中学校を卒業するまで毎日続けたのだそうです。

アウトプットには、インプットの3倍の効用があるといわれています。どんな結果が出るかわからないアウトプットには勇気が必要で、頭で思考するだけでなく感情の力も存分に使うからです。

感情は思考よりも一段深いレベルでつながっている大切なセンサーです。つまり、わからない、失敗するかもという感情も含めて味わった学びは、頭にただ詰め込んだだけの知識とは違って、**自分自身の確かな力**、血肉になっていきます。

やらないままにしてせっかく学んだ知識を忘れてしまうくらいなら、とりあえず誰かに話してみましょう。それが大きな一歩になる可能性は十分にあります。

✓ いまの自分が気楽にできそうなアウトプットをすればいい

Section

25

自分は社会の中で役に立てているのか、自信がない

いつも、自分のやることをなんでも過小評価してしまう。一方で、他人のやることについてはやたらと過大評価する。

自分のやることなすこと、なんでも大したことがない。だから、自分はこの社会の役に立っていない。

自分がそういう人間だと決めつけているのは、社会や他の誰かではなく、本当は自分自身です。

つまり、そう考えてしまう思考のクセがあるだけなのです。

自分が社会の中で役に立っているか気になる人は、一方で「社会の中で役立たない人間には価値がない」という価値観を持っていることにもなります。

だから何かを学んだり、人に優しくしたり、いろんな努力をすることで、自分が社会で役立っていると感じられる**「居場所」**を作ろうとしてきたと思います。

しかし残念なことに、その価値観自体を書き換えない限り、何を身につけても同じように悩み続けてしまいます。

まず大前提として、**どんな人であれ、いらない存在がこの世に生を受けることは決してありません**。自分がここに命を持って自分として存在しているだけで、すでに意味があるし、ゆるされています。

これは世界中、どんな人にも等しく当てはまる真理です。そしてこの真理から人生を出発する限り、人が自分を見失うことは本来ありません。

自分に自信がないのは、自分が社会や誰かの役に立てないからではなく、**本来の自分を思うように発揮できていない**からだと思います。

もしかすると自分ではない誰かをやろうと、見当違いの努力をしていませんか？

梅が桜に憧れても決して桜にはなれません。

誰とも違う自分なのだから、やりたいこともやれることも人とは違って当たり前です。

優れたピッチャーだけでは野球は成り立ちませんし、全員が大女優でもお芝居は成り立ちません。

あなたがいま人生に求めているものはきっと、あなたの外側にあるものではないのです。

自分がいまここにいる意味――いまここで、この瞬間に誰かのために、そして何より自分のためにできることはなんだろう？　そんな視点から自分のやるべきことを探していくクセをつけると、少しずつ生きやすくなってくると思います。

✓「本来の自分」を思い切り発揮すると、自分に自信がつく

Section

26

時代の変化に追いつきたいけれど、何をすべきかわからない

時代の変化にいち早く対応できたから、大成功できた。

現代に限らず、いつの時代にだってそういったサクセス・ストーリーは存在します。

特にいまはインターネットをはじめ、多くのメディアから膨大な情報を得られます。昨日見かけた情報が１週間後には古くなっていることも日常茶飯事で、もはや何を信用したらいいのかもわからなくなりそうです。

濁流《だくりゅう》のように押し寄せる情報に翻弄《ほんろう》され、自分がいまやるべきことすら見えなくなってしまうことはよくあります。

新しい時代に対応するために……とあれこれ学んだり手を出したりして、自らその情報

の渦《うず》に巻き込まれてしまうのです。

実はそうすることで得られるメリットもあって、情報の渦に巻き込まれている間は、自分の課題に手をつけなくて済みます。

時代の流れが速いとか、次々と新しいモノや技術が登場して追いつけないとか、そういったことを理由にして、**本当にやるべきことに手をつけなくていい免罪符**にしている可能性もあるのです。

仕事で起こった小さな問題に対処しようとみんなで知恵を絞っているとき、「そもそも会社のルールが良くない」とか、「社会が悪い」などと話題が飛躍してしまって、結局何も解決できなかった……といった経験は誰にでもあると思います。

時代の変化に追いつけない、どうしようと迷って足踏みしてしまう心理もそれに似ています。

足元の靴紐を結び直せばいいだけなのに、それをやりたくないあまり、自分の外側にあるもっと大きな何かのせいにして「歩けない！」と文句を言っているようなものです。

時代、国、政治、経済など、対象が大きければ大きいほど、自分が抱えている問題は小さく霞《かす》んでいくように思えます。つまり都合がいいのです。

あるいは、世の中の最新情報をたくさん集めてそれを分析すれば、絶対に失敗しない「正解」がつかめるという幻想を密かに抱いているケースもあります。

でも仮に正解を見つけられたとして、それが自分にとって「やりたくないこと」だったら、素直に取り組めるでしょうか？


どんな時代にあろうと、世の中で何が起こっていようと、私たちは**「これがいい」**と自分で感じたものを選ぶのが一番ベターなはずで、その選択の積み重ねこそが自分らしい人生を作っていきます。

世の中の移り変わりが速くて、自分だけ置いていかれたような気持ちになってしまうのは、情報の渦にわざわざ飛び込んでいるから。

「私は私」と切り替えて、自分の現実を真っ直ぐに見てみましょう。

たくさんの情報をひとまずシャットアウトして、**本当に取り組まなければならない課題**

に取りかかるのです。
あなたが望む「正解」はきっと、そこにしかありません。

✓ 情報はコレクトするのではなく、セレクトする

Chapter 2

第2章

人間関係に潜む「未処理の感情」

人生のクオリティは、誰と共にあるかで決まります。
私たちの幸せにとって人間関係はそれほど重要です。
他人に合わせて自分を抑えてしまう苦しさ、
自分を貫こうとしすぎて孤独に陥《おちい》ってしまう悲しみも、
すべては未処理の感情が関係しています。
自分らしさはそのままに、人と豊かにつながることはできます。

Section

27 約束をドタキャンして、自己嫌悪することがよくある

約束したときは「楽しそうだね」なんて話していたのに、当日の朝になると急に行きたくなくなる食事や遊びの予定。

やっぱりドタキャンは悪いからと、しぶしぶ出かけてどっぷり疲れて帰ってくることはありませんか。あるいは急病などを装って、なんとか断っているのかもしれませんね。

世の中にはドタキャンをあまり気にしない人もいますが、ドタキャンに罪悪感を感じる人は、自分がドタキャンするのはもちろん、人にされても後味の悪さを感じます。

事後に友人たちと話が合わなくて「やっぱり行けばよかった」と後悔したり、次回の集

まりではいよいよ声をかけてもらえなくなったり、人間関係に問題が起きている人もいるかもしれません。

では、ドタキャンしたくなる気持ちは、そもそもどこから出てくるのでしょう?

そこに、いまのあなたがもっと**成長できるヒント**が隠れています。

ドタキャンに罪悪感を感じる人は、往々にして何事もがんばりすぎます。

誘われたなら受けるのが礼儀とか、みんなと協調していたいとか、自分の現状に多少目をつぶってでもがんばることを、当たり前に選択してきたのだと思います。

ただ、冷静に考えてみてください。

本来楽しいはずの遊びの約束なのに、当日急にダルくなってしまうなんて、それは結構な疲れが溜まっている証です。あえて厳しくいうと、**がんばりすぎて自己管理が二の次になっている可能性**があるのです。

休みたい、今回はパスしたいといった自分の希望にフタをしている限り、この人は再び約束をドタキャンし、自己嫌悪するでしょう。がんばりすぎている自分に気づかずにこれを繰り返している大人は、決して珍しくありません。
そこを踏まえた上で、これからはただ「がんばる」のとは違うやり方を試してみましょう。

まずは、スケジュールや体力的に無理をしていないか、返事をする前にひと呼吸置いて考えます。少しでも不安があるなら、「もしかしたら行けない可能性があるけど、いい?」と断りを入れてみるのも手です。

周りに歩調を合わせて付き合いを楽しむことも、休みたいという自分の意志を通すことも、どちらも間違いではありません。

大事なのは、どちらも**自分の選択だと意識して選ぶ**ことです。

その上で「こういう選択をする自分もアリ」と自分をゆるす範囲を広げれば、あなたという**人間の幅**も広がります。

ちなみに、約束する段階で「疲れているからパス」と伝えること自体に二の足を踏んでしまう場合は、別の課題が隠れているかもしれません。

次に紹介する項目「誘いを断れない、つい他人に流されてしまい後悔する」も併せて参考にしてみてください。

✓ ドタキャンしたくなる理由を考えてみる

Section

28

誘いを断れない、つい他人に流されてしまい後悔する

職場の飲み会やママ友の集まり、同窓会。

社会生活を営んでいると、本当のところは気乗りしない誘いを受ける場面が必ずやってきます。

行きたくない誘いをはっきり断れる人と、断れなくてつい応じてしまう人の違いは明白です。

断れない人はそもそも、人の誘いを断ってはいけないと思い込んでいます。

人の誘いを断る＝相手を否定することになっているので、逆のことを他人からされたらひどくショックを受けるはずです。それこそ誰かを誘って断られてしまったら、もう二度

と誘いには応じてもらえないような気がするのではないでしょうか。だから自分は断らない。無意識のうちにそう決めているのです。

さらにいうと、つい人の顔色をうかがい、**他人の判断軸で物事を決めてしまうクセ**がある可能性もあります。

人にされてイヤなことは、自分もしてはいけない。誰もが小さいころに教わりますが、これはそのルールの使い方を間違っているパターンだと思います。

何がきっかけでそうなるかは人それぞれですが、傾向として多いのは、他者との境界線が曖昧《あいまい》な親に育てられたケースがあります。

境界線侵犯をしてしまう親は、子どもを自分の所有物のように扱います。親と子は別個の人間であるにもかかわらず、その間にある境界線を侵して子どもをコントロールしようとするのです。

その結果子どもは、親（他者）と同じように考え、感じ、自分と同じようなものを好むことが正しいという価値観を植え付けられます。当然ながらその子は、親以外の人付き合いにもその価値観を採用するようになるでしょう。

つまり、誘いを断れない人が相手の顔色を見ながら必死に作っているのは、自分のニーズや思いを正直にいい合えない、いびつな人間関係なのかもしれません。

表面的にはニコニコとうまくやれているように思えても、そこであなたという存在は発揮できていません。むしろあなたが「いない」も同然なのです。

まずは、**反射的にイエスと答えてしまう自分に気づくことが第一歩**だと思います。

あまりにも長い間それを続けていると、他人の顔色を見て判断することが当たり前になっているので、「イヤなら断ってもいい」どころか、**「イヤと感じている自分がいる」**ことにさえ意識が及ばなくなったりします。

反射的にイエスを返してしまう自分に気づけたら、次はもうひと呼吸置いて、自分はイエスなのか、ノーなのかを考えてみるところまで進んでみましょう。会話中にこれを考えられるようになるだけでも大きな前進です。

人に共感して「いいね」をいえたり、空気を読めたりする能力は、人と穏やかな関係を築くためにとても重要な力です。それを十分にトレーニングしてきたあなたは、これからその逆を鍛《きた》えていく必要があるのだと思います。

あなたに足りないのは**「ノー」をいう筋肉**。

これから先の人生に、あなたがあなたとして豊かな人付き合いをしていくために、必ず必要になってくる力です。

✓ 反射的に「イエス」をいってしまう自分をつかまえる

Section

29

周りに苦手な人や嫌いな人が多くて生き辛い

職場でもプライベートな人間関係でも、苦手な人が多い。

そう感じてしまうのは、**「付き合う人を自分で選べていない」**からなのかもしれません。

苦手な人が多くて生き辛《づら》い人ほど、実は誰とでも友人関係を作ろうと努力している傾向があります。

「友達１００人できるかな？」と教育されてきた影響が、自分で思っている以上に強いのかもしれません。みんなと良好な人間関係を結ばなければならないと考えるから、自分の色を出さないように抑え込んでしまい、生き辛くなるのです。

たとえば友人が少ないことを恥ずかしがる人は、自分はいつだって他者から友人として

「選ばれる側」だと考えています。「選んでもらったからには好かれなければ」とますます自分の色を消してしまうから、気づくと周囲から素のままでラクに付き合える人がいなくなります。

でも、人間関係はそもそもあなたが一方的に選ばれる側ではありません。**あなたは選ぶ側でもある**のです。選び、選ばれるのが自然だからこそ、好きな人がいるのも、嫌いな人や苦手な人がいるのも自然なことだといえます。

自分の好き嫌いなどに関係なく、周囲にいる人とは誰とでもうまくやっていかなければならないと誤解していないでしょうか？

まずはここをチェックしてみましょう。

その上でさらにもう一歩**自分を好きになる**ために、次のステップへ進みます。なぜその相手がそんなに苦手で、イヤなのかをしっかり見ておくのです。

このとき、無理してその人と関わる必要はありません。相手の言動を見て「イヤだな」と嫌悪したのはどんな部分だったか。なるべく具体的に思い出してみるのです。

言葉遣いが下品なのがイヤ、お金に細かい、いつもピリピリしていて怒りっぽい……。

些細なことで大丈夫ですから、なるべく具体的に紙などに書き出すといいでしょう。

正直に詳細にリストアップできたなら、実はそれだけでも大したもの。なぜならそこにリストアップされている要素こそ、あなた自身がゆるせていない自分の一部分だからです。

他人の中に見るイヤな部分は、「これをしてはいけない」とかつての自分が自分に禁じたことです。「それが私の一部なわけがない！」と、思わず否定したくなったり、目を背けたくなったりする部分でもあります。

でもそれを相手の中に見てしまうから、その人から目を背けたくなります。つまり嫌いな人が多いなら、**ゆるせない自分がそれだけ多く自分の中にいる**のです。


あなたを苦しめる、あなたがゆるせない自分の一部を持ったイヤな人。

これは、苦手なら気にしなければいいとか、関わらない、ブロックすればいいといった単純な対処ではもったいないです。

ゆるせない自分を「これは自分ではない」と封じてしまったら、それこそ堂々巡りです。きっとこれまでも、ダメな自分を自分に禁じるというがんばりを精いっぱいやってきました。そのやり方をそろそろ、変えてみてもいいはずです。

いま必要なのは、フタをしてぎゅーっと押し込めていた自分のイヤな部分への憎しみを少し、ゆるめてやること。**「ゆるす」**ことだと思います。

これは何日も掃除していない排水口を、恐るおそるのぞくようなイヤな作業です。だから嫌いなままでいいし、ダメだと感じたままでもOK。一旦見てみて辛《つら》くなったらフタを閉めるのもアリでしょう。

それでもまた、しばらくしたら開けてみてください。目的は「ダメなところを直す」ではなく、**「それも自分の一部なんだ」と少しずつ受け止める**ことです。受け止められたとき初めて「じゃあどんな自分で在りたい？」と改めて思い描くことができます。

実はこの時点で、あなたはどんどん**本来の自分**に近づいています。少なくとも、イヤな自分を見て見ぬフリして、「いい人」を装ってきたあなたではなくなります。

すると周囲の人が見せてくる反応も変わってきます。苦手な人への嫌悪感も同様に少しずつゆるんでくるでしょう。彼らの存在が本当に気にならなくなってくるから不思議です。

「運は人の縁が運んでくる」なんてよくいいますが、それは苦手な人との縁であっても、同様に当てはまる法則だと私は思います。

嫌いな人の嫌いな部分と同じ形をした「種」を、私たちは必ず自分のどこかに持っているものなのです。

✓「嫌いな人」は、あなたが本当の自分に出会うために現れる

Section

30 他人に自分の情報をオープンにすることに抵抗感がある

自分をオープンにできないとは、自分のパーソナリティに関わる情報に触れられたくないということです。

なんの仕事をしていてどんな家に住んでいるとか、パートナーの職業や年齢とか、そういった情報に踏み込まれるのはもちろん、自分の気持ちや意見などを他人に察せられたくないと感じることはありませんか？

オープンにする必要がないから公表しないのと、見せたくないから隠すのとでは、意味がだいぶ違います。抵抗感があるということは、見せたくないという感情があるのでしょう。

特に、自分に関することで何かを突っ込んで聞かれたとき、反射的にイラッとしてしまう心の反応があるなら要注意です。人は何かを必死に隠そうとしている人の心の動きは敏感に察するもので、その違和感は人間関係に不調和を起こすきっかけにもなり得ます。

ではそもそも、自分をオープンにしないことで得ているメリットは、一体なんなのでしょうか？　そこを深掘りしてみる必要があると思います。

他者に自分のことをオープンにできないと悩む人に共通する原因は、恐れです。

自分について打ち明けたところで、相手に批判されたり共感してもらえなかったりすることをひどく恐れている可能性があるのです。

でも普通なら、**共感もされないけれど批判もされないという中間の感覚**があるものです。

「私にはわからないけれど、そういうのもあるんだね」といった感覚です。

自分をオープンにできない人の中では、その中間の感覚が抜け落ちているかもしれません。

その人にとっての他者は、自分を「ありか、なしか」で真っ二つにジャッジする存在なのかもしれません。だから本人もまた、他者を「ありか、なしか」の二元論でジャッジしている可能性が高いです。

他者から批判されたり、恥をかいたりしなくて済むというメリットがあるから、自分をオープンにしません。なぜなら自分はダメな存在、恥ずかしい存在だという思い込みがどこかにあるからです。

大半は、幼少期に大人の何気ない言動で植え付けられた**恥の思い込み**が影響しています。

恥の思い込みは、大人になるほどその人を生き辛《づら》くしていきます。学校の成績、仕事の成績、友人やパートナー、持っているお金の額や社会的地位。人の価値を表面的にはかる指標は、大人になるほど増えていくからです。

しかしこの思い込みは、たまたまこれまでの人生で採用してきたただの思考のクセであって、**自分という存在の価値とはまったく別物**です。

では、ここでもう一度自分に問いを投げてみましょう。

自分をオープンにしないで得てきたメリットは、実際に**人生を豊か**にしているでしょうか？　つながりたい人とつながり、やりたいことをやるために効果的だったでしょうか？

何か孤独感のような寂しい感情で心がうずいているのなら、**新たな生き方**を選択することは可能だと思います。

人は容姿や能力といった表面的な情報で他者を愛するわけではありません。恥の思い込みを乗り越え、誰かを本気で愛したとき、きっとそのことが腑《ふ》に落ちると思います。

✓ 自分をオープンにしないで得てきたメリットは何？

Section

31

人の言動の裏を勘ぐりすぎて、人間関係がうまく築けない

彼はいつも親切だけど、肚《はら》の中では何を考えているかわからない。

彼女は友達のフリをして、実は私を出し抜こうと機会を狙っている……。

そんな思考がいつも頭の中を回っているのだとしたら、目の前の相手を信用して、裏切られるような人生をきっと誰よりも恐れているのでしょう。

たとえば浮気をする人の本当に悲しいところは、人は誰でも浮気をするかもしれないという認知を持ってしまうところにあります。

独身時代は散々浮気をしてきたけれど、結婚後は浮気を必死でガマンしているような夫は、妻の行動を厳しく束縛しがちな傾向があります。自分が浮気をしていたから、浮気し

ない人が世の中にいるなんて信じられません。だから妻をいつも自分のコントロール下に置いて安心したいのです。

結果どうなるかというと、束縛に疲れた妻が他の男性に救いを求める――つまり「妻が浮気をするかも」という夫の疑念が、そのまま現実になってしまいます。

人の潜在意識の力を甘く見てはいけません。

潜在意識は現実化するからです。

顕在意識レベルでどんなに笑顔や丁寧な言葉を心がけていても、「人は信用できない」という潜在意識のもとに人付き合いすると、人はいずれ離れていきます。

なぜなら他人の言動の裏を勘ぐったり、敵視したりしている本当の自分が、必ず表面上のどこかににじみ出るからです。そして人と摩擦《まさつ》が起こるたび、「やっぱり人は信用できない」という認知を強固にしていきます。

バカ正直に生きるのは怖いといったって、**世の中の大半の人はあなたをだまして傷つけようなんて考えていない**はずです。たまたま裏切られたり嫌われたりすることはあるかもしれませんが、それだってどんな人の人生にも普通に起こることです。

これを踏まえて、それでも**良き人間関係**を築きたいと願うのならば、道はひとつ。昔の青春ドラマの主題歌にもあったように、人を信じられないと嘆くのではなく、信じて傷つく方を選ぶ覚悟を決めるしかありません。

あなたは人付き合いが下手なわけでも、人から裏切られない方法を知らないわけでもなくて、単に人を信じた経験に乏しいだけです。コミュニケーション術や心理テクニックなどを学ぶ以前に、まず**目の前の人を信じる**という生き方を、自分自身で選択する必要があるでしょう。

他人を目の前にしたとき、「ほら、人は信用できないぞ」といってくる自分の中の自分に気づけたなら、人付き合いのパターンはきっと前向きに変化していきます。

✓ いい人間関係は、人を信じることから始まる

Section 32

他人の幸せを心から喜べる気持ちが……正直わからない

結婚式などで、友達の晴れ姿に感動して号泣してしまう女性はよくいます。

その心理がわからない……と感じているのだとしたら、もう少し具体的に考えてみましょう。

ちょっとした顔見知りレベルの人ならお祝いできるけれど、仲のいい友達や仕事仲間などの場合、心から喜べないといったことはありませんか？

正直な気持ちを感じてみてください。

あなたはきっと、他人のことにまったく興味がないドライな人間というわけではないのです。

他人にどんな幸せが起こっているかは気になるけれど、それを祝う気にはなれない。

心の中ではそう思っていたりしませんか？


ではここで紙とペンを用意して、簡単なワークをしてみましょう。

自分がどんな状態にあったら、**自分の幸せに心から納得**し、**他人の幸せを心から喜べる**でしょうか？

自分の人生に願う幸せの条件を、好きなだけ挙げてみるのです。

このとき、周りにいる主要な登場人物のうち、誰がどんな状態でいてほしいかも必ずセットで考えてください。

ワークを効果的に使う秘訣は、とにかく自分の本心に正直に条件を書いてみること。

「いい子」であろうとする必要もありません。

まず自分について書くなら、こんなパートナーが欲しいとか、どんな仕事で年収はいくらか、住んでいる街や家の条件、年に何回旅行に行って、どんな人間関係を楽しんでいるか、子どもや親の状態はどうかといったことを。

そして思い当たる友人や知り合いについて、「あの子にはこうなってほしい」と密かに思っていることを、ぜひありのまま書き出してみましょう。

彼女たちの仕事やパートナーは？

年収は？

どんな場所に住んでいて、毎日をどんなふうに過ごしている？

人生の充実度は自分と比べてどうでしょうか？

あくまで自分の想像ですから、リストの内容にいいも悪いもありません。


書き上がったら、そのリストをよく眺めてみましょう。

もし周りの人の幸せを「自分よりちょっと下」か、むしろ「不幸」に設定しているとしたら、そこから見えてくることがあります。他人が不幸になったり、他人が自分の視界に入らないような目立たない存在になったりするとき、初めて自分にとっての幸せが際立ってくるということです。

たとえば友達が80の幸せを享受していたとしたら、自分には20の幸せしかなくなってしまうような気がします。

そう感じてしまうのは、自己愛が歪んでいる恐れがあるからです。

歪んだ自己愛の特徴は、**他人との比較なしに自分の幸せを確認することができない**という点です。「他人の幸せになど興味がない」と装っていても、実は自分と他人がまったく切り離せていません。

つまり他人が幸せになると自分の幸せが減るように感じるから、他人の幸せをなぜ喜べるのかがわからないのです。

そんな自分を**いまより好きになる**方法はひとつ。他人の事情を気にするスキマがないくらい、**自分の幸せに夢中になる**ことです。

自分で自分の幸せに目を向けてあげると、愛する人や友達、家族などの幸せも同じように「よかったね」と喜べるようになるからです。そんな自分をいまよりもっと好きだと感じるでしょう。

もしかすると人の幸せを喜ばないことで、自分の中にある何かを必死に守ろうとしていませんか？

その何かを探り、見つめてみたとき、いまのあなたにとって大切な気づきがやってくるのではないかと思います。

✓ 他者の幸せは、あなたの幸せを決して奪ったりはしない

Section 33

人のルーズさがどうしてもゆるせない

あなたが親しくしている誰かが、あなたがゆるせないと思う何かしらのルーズな行為をしているとしましょう。

たとえば待ち合わせにいつも遅刻してくるとか、お金や異性にだらしない、子育てをベビーシッターに任せて旅行している……どんなことでもいいです。

その人を見たとき、あなたの胸に湧いてくるゆるせない気持ちは具体的にどんなものでしょう？　次の例のように考えてみてください。

・いつも遅刻してくるなんて、私の時間を不当に奪われている気がしてムカつく

・私は自分で代金を払っているのに、あの子は男性に払わせていてだらしない！
・子どもをベビーシッターに任せて旅行なんて、母親として失格だ！

ではここからが本題です。

あなたがゆるせないルーズなことをしている人は、あなたがどんなことで**「自分」の価値**を感じているかを教えてくれています。

たとえばいつも遅刻してくる友人にイラつくのは、時間を守ってもらえることが自分を大切に扱ってもらえることとイコールになっているからです。

男性にお金を払わせる女性をだらしないと感じるのは、自分で支払うのが正しい、女性だからといって男性に甘えてはいけないという価値観があるからでしょう。

子どもを預けて旅行する母親を非難したくなるのは、四六時中子どもに寄り添っている母親こそ理想的という価値観に基づいているのかもしれません。

つまり、**自分が大事にしていること**を傷つけられたような気がするからゆるせないのです。

でもこの構造がわかると、「本当にそうなのか？」という自分への問いが自然と生まれます。**自分の価値観、在り方を選び直すきっかけが生まれる**のです。

時間には正しくても、人を裏切るウソつきな人だっています。男性の中には女性にお金を払いたがる人だっているし、それを喜んで受け取ることもひとつの気遣いでしょう。子どもを預けて気分転換できるからこそ、日々の子育てを前向きに楽しめるお母さんだっているはずです。

そんな移ろいやすい表面的なことを自分の価値とすり替えていたら、どんどん自分がブレてしまいます。

つまり、あなたの本当の価値観をそんなところに置く必要はないのです。だからルーズな人を見るたびに心配したり、わざわざイヤな気持ちになったりする必要もありません。

ゆるせなくてイライラしてしまった感情が少し厄介なのは、イライラした自分を大人げないとか、見苦しいと自分で責めるからです。怒りは感情の中でもかなり強いエネルギーなので、情熱をかけたボリュームに比例して増幅します。

「怒りが湧くほど自分にとって大切なテーマだったんだ」という大きなヒントでもありま

す。どうか怒った自分を無闇に責めたり恥じたりせず、イライラしたその感情を大切に扱ってあげてください。そこに、あなたを苦しめている固定観念が隠れているかもしれません。

イライラや怒りも、自分を知るための大切な道具のひとつなのです。

✓ イライラしたら、より豊かな「自分の在り方」を選び直すチャンス

Section

34

問題が起こると反射的に「私のせいかも」と考えてしまう

職場や家族間、仲間うちなどで問題が起こると、つい「自分のせいかもしれない」と考えて反射的に不安になってしまう。

実際には自分に責任がない、責任が取れないことでも、「私があのときああしていれば」などと想像をめぐらせてしまう。

このように何かが起こると反射的に「私のせいかも」とソワソワしてしまうのは、**他人と自分の境界線**が曖昧《あいまい》になっているからかもしれません。

自分の責任の範囲を超えたところにまで、無理に責任を感じようとしていないでしょうか？　自分の権限では解決できない事柄にもかかわらず、何かトラブルが起こるたびに、

「私もその場にいたから」「家族だから」「関係者だから」といった理由で、他人の責任まで負おうとするクセがあるかもしれません。

そして「私のせいかも」と心配することで、自分の影響力が及ぶ範囲を密かに確認しようとしている可能性があります。

お節介な人や頼んでもいないのに世話を焼きたがる人、「全部私のせい！」と泣き崩れてしまう悲劇のヒロインも、心理的な構造は似ています。

彼らの心の奥底には、**承認欲求に飢《う》えた「無価値な私」**がいつもヒザを抱えています。それをカバーするためにあちこちの人間関係に介入して世話を焼き、自分の力が及ぶ範囲を確かめて安心しようとするのです。

影響力がなく、自信がない。そんな自分が嫌い。だからあちこちで役立つ**「万能な自分」**を無意識に演じようとがんばってきたのだと思います。

でも、世の中には**自分にできないこと、影響力が及ばないことなどいくらでもある**し、それが当たり前で自然なことです。それどころか、万能ではない自分を自分自身が否定していたら、周りの人からも大切にされなくなる危険があります。なぜなら人は無意識のうちに、自己否定が強い人を嫌ってしまうところがあるからです。

私たちは本来、能力のなさや自信のなさを取り繕う必要などありません。**「できない」ことを堂々と受け入れる**ことは、いまの自分を認める強さです。この強さが、人生を前に進めるエネルギーになります。

ケンブリッジ大学のバーバラ・サハキアン教授の研究によると、人は一日に最大でおよそ3万5千回の決断をしているそうです。

加えて、心理学者のジョナサン・レバブ氏が行った「決断疲れ」の調査では、午前中から一日の終わりに向かって衝動的な決断が多くなり、決断の先送りも増えることがわかったのです。肉体的な疲れと違って、決断疲れは、自覚しにくいということも明らかになっています。

決断疲れに無自覚でいると、玄関を出てから会社までいつもと同じ道を通り、コンビニに入れば昨日と同じような飲み物、食べ物を手にしてしまうのではないでしょうか。

これは決して日々のルーティンに限ったことではありません。

万能な自分になろうとしては、なれないと嘆くのも同じこと。人はなぜか、そうしてダメな自分をわざわざ味わっていることがあります。無意識のうちに過去と同じ生き方を繰り返してしまうのです。

「私のせいかも？」と不安になり、反射的に何かをしそうになったら、次からは試しに**「自分は何もしない」**を選択してみてはいかがでしょう？

なぜならそれが、いまの自分に**「変えられるもの」**のひとつだからです。

万能ではない自分という**「変えられないもの」を受け入れ、「変えられるもの」に手をつけられた自分**は、ちょっと誇らしく感じられるはずです。

続けていれば、周囲の態度や反応も少しずつ変わってくると思います。

✓ 変えられるものと、変えられないものを分けてみよう

Section

35 すぐ他人に嫉妬してしまう自分が情けない

私もあんなふうになれれば……と人をうらやましく感じる気持ちはあなたの望みであり、「私もそうなりたい」といった欲求の表れです。

「憧れ」も「妬《ねた》み」も、もとは同じ「うらやましい」という欲求から生まれます。憧れは「素敵だな！　私もがんばろう！」というように、欲求を叶える**ポジティブなモチベーション**を生みます。

でも妬みの場合は違います。「うらやましい」という欲求から始まったにもかかわらず、「あんな人と同じものなんて、私はいらない！」といったように、欲求の否定につながっていくから不思議です。

その違いは、うらやましいと感じる相手を好きか嫌いかで決まります。

相手が好きな人だったら、憧れに近づくために何を準備すべきか調べてすぐ行動を始められるのです。

でも妬《ねた》みの場合は、同じ望みがそこにあるのに、嫌いな人が先にやっているばかりにその行為を嫌悪し、向かうことをやめてしまいます。

これが、「あんなやり方で成功するなんて卑怯！」といった嫉妬《しっと》のカラクリです。妬みは自分の望みを封印してしまいます。

嫉妬しやすいということは、それだけ周囲の人たちに嫌悪感を持っていたり、**本当の信頼関係**を築けていなかったりする可能性があります。

その場合、表面的に仲良くしていても、本音はドロドロ……といった友人関係に苦しみがち。

本当の思いを封印することに相当なエネルギーを使うので、**自分を育てるエネルギー**そのものがやがて枯渇《こかつ》していくのです。

嫉妬は目標を叶えるためのバネになる、といったアドバイスをよく聞きますね。確かにそうなのですが、本当に実践するためには心理的なコツがいります。
「私もそうなりたい」という純粋な欲求に気づいた、その瞬間に戻る必要があるのです。
つまり、欲求そのものと誰かを嫌う気持ちは切り離します。

思考でどうにかするのは難しいので、これは声に出すシンプルなトレーニングをおすすめします。

好き嫌いの感情はひとまず横に置いて、その人のうらやましいところだけをピックアップし、「私も○○になりたいな」と口に出すだけです。

悩んでいた人が「私ってこういうコンプレックスがあるのよね」と人に伝えると、苦しみがスッと消えて、コンプレックス自体を克服してしまうことがあります。

これと同じ感覚で「いいなぁ。私も欲しいなぁ」と素直にいってみるだけ。ひとりでつぶやいてもいいし、友達の前でいってもいいし、紙に書き出してもいいでしょう。

何度か続けていると、妬みの感情は少しずつ和らぐのではないかと思います。

その苦しさから抜け出せれば、相手を嫌いだった気持ちも薄らいで、**一緒に成長**できる方向へとベクトルを変えられるかもしれません。

✔ 憧れも嫉妬も根源は同じ。嫉妬で望みを封印するのはもったいない

Section

36

ママ友など女同士の輪が苦手

ママ友や地元でなんとなくつながっている友達など、特に共通の目的がない女同士の輪が苦手な人はわりとよくいます。

たとえ女同士でつるむのが苦手でも、その他の人間関係に問題が起こっていなくて、本人が満足しているならそれでＯＫだと思います。

ただそもそも人間関係にトラブルが多くて、女同士でうまくやれないことに苦手意識やイヤな感情を感じているなら、どこかに**未処理の感情が隠れている可能性**があります。

女同士の他愛ないおしゃべりや、共感と察する力をベースとしたつながり合いは、男性でいう**「仲間」**の世界とはまた違った性質があります。

そんな女同士の付き合いについて「時間の無駄、意味や生産性がない」などと感じて、関係を自ら遠ざけているのかもしれません。

誰でも人付き合いに疲れることはありますが、周囲に対して「女友達は面倒だからいらない」などとあえて主張をしてしまうのは、どこか不自然でもあります。

いわなくてもいいことをあえて口にしたくなるのは、**他者に「違和感」を抱かせ、何かに気づかせたい**からではないでしょうか。「私は彼女らと仲良くする気はありません」という価値観を、他者に宣言することにメリットがあるのです。

女友達と他愛ない会話をしたり、ゆるく適当につながり合う関係性を築いたりすることが、単に苦手なのではないかと思います。

だからいざ女友達との間に問題が起こって、自分のコミュニケーション力のなさが露呈《ろてい》しそうになると、反射的に「こんな関係は無駄だ」と断じたくなります。「女の付き合いは面倒」という価値観を免罪符に、その場からつい逃げてしまうのかもしれません。

私も女友達は決して多くない方なので、その気持ちも少しはわかります。

でも他者の立場からすれば、それは自己都合的な関係性を望んでいるように見えてしまうのが本当のところです。他人とはつながりたくても、自分に都合の良い関係性しか受けつけられない態度がエスカレートすると、最悪の場合は人が離れていくパターンが繰り返されるようになってしまいます。

「面倒だ」「いらない」という過剰なアピールは、**「自分を誰かにわかってもらいたい」**というSOSの裏返しだとも感じます。

ほんの数分間、笑って会話しておけば済むような付き合いを「ま、いいか」と思える**心の余裕**がないのかもしれません。それだけ人生に不満が多かったり、毎日イヤなことをしたりしている可能性も考えられます。

なんでもうまくいって理解し合える、「意味のある」「生産性のある」ことばかりの人間関係など、この世にはたぶんありません。だからそれが築けないのは、**決して自分の能力のせいではない**のです。

この状態は親の経済的事情で欲しいものを買ってもらえないから、「いらないもん！」

とヘソを曲げている子どもにも似ています。大人になったいまなら、自分で練習するなり、勉強するなり工夫してうまくやっていく道も、本当は選べるはずだからです。

もしかすると、自分の中にくすぶっている寂しさや悲しみを、誰かの存在で埋めたり処理したりしてもらおうとして、それがなかなか叶わずに苦しんでいるのかもしれません。

でもそれこそ大きな誤解です。自分の心にある寂しさや悲しみを見つめて癒《い》やしてあげられるのは、他でもない自分だけです。

むしろ人付き合いに対して真面目すぎたり、過剰に期待をしてしまったりしている部分があって、それがコミュニケーションのトラブルを生む原因になっている可能性もあります。

苦手と感じている輪の中に、もう少し気楽に関わってみたらむしろ息苦しさはなくなるのかもしれません。

それに私たちは大人ですから、**自分が築きたい人間関係は自分で選んでいい**のです。ちょっと付き合ってみて本当にイヤな感じがするなら遠慮なく離れていいし、「悪くないかも」と思えるならゆるくつながっておくのもひとつのやり方。

最初から「そんな付き合いに意味はない」と決めつけ避けていくよりも、**人生の幅**が広がりそうな気がしませんか？

✓「ま、いいか」と思える心の余裕が、宝物のような関係を育てる

Section

37 マウントしたくなったり、されてしまったりすることが多い

梅干しを見ると条件反射で唾液の分泌《ぶんぴつ》が増えるように、ある条件下で無意識に出てしまう感情的な反応は、当人が何に対して過敏になっているかを教えてくれます。

たとえば知識で自分を支えている人は、間違いを指摘されるとなかなか認められないか、認めても過剰な言い訳をして反撃したい衝動に駆られます。

批判にいつも怯《おび》えている人は、他人の言葉をなんでも自分への批判として捉えるクセがあります。

マウントは相手より優位な自分を主張することで、自己の脆弱《ぜいじゃく》さをカバーする方法のひとつです。

誰しも大なり小なり無意識にやってしまうことですが、それがやたらと気になってしまう場合、マウントに過敏になっているといえるでしょう。

とにかく相手にマウントを取れたら勝ちで、そうならないと安心できません。つまりこの人にとってその場での**勝ち負け**は重要なものだと考えられます。

でも、その場で勝ったところでどうなるのでしょうか？　本当にそんな価値基準でいいのかを、根本から問い直す必要があると思います。

なぜなら**マウントを取りがちな人からは、人が離れていきやすい**からです。勝ち負けが価値判断の基準だから、人生のあらゆる面で生き辛《づら》さや苦しみが生まれてしまいます。

マウントによる勝ち負け合戦がやめられない人は、**本来の人生の目的**を忘れてしまっている可能性もあります。

ゲームでたとえるなら、本編のクリアが目的だったのが、途中のミニゲームで延々とムキになっているようなイメージです。

ステップとしてはまず、ミニゲームの世界から出る必要があります。マウントしてしまう心理はもはや**「反応」**ですから防げません。でも、やってしまったあとの対処なら変えられます。

対処法としては、「あ、なんかエラそうなこといっちゃったね」とか、「でもあなたも○○で素敵よね」とか、続く会話の中にフォローを入れるのが手っ取り早いでしょう。できれば「あー、またマウント取ってるよ私（笑）」と笑いに変えてしまうのが一番いいです。ネタにして自分から切り離した瞬間、ミニゲームから意識が外れるからです。

人前で無理に自虐する必要はなく、自分の心の中で笑うだけでもＯＫ。

これをやると、マウントして偽《いつわ》りの優越感に浸りそうになっていた自分が、自分から少し離れます。

自分と感情の間に距離ができると、その感情を客観的に扱えるようになります。「優越感に浸っても別にいいことはないな」とか、「相手をイヤな気分にするかもしれないな」といったように、ひと呼吸置いて考えることができます。

他人に対する言動にもトゲがなくなるので、人間関係も少しずつスムーズになるでしょう。周りにいる人の顔ぶれも、いい感じに変わってくるはずです。

そのころになればきっと、自分は本来何をすべきだったのか、人生の目的のようなものをちゃんと思い出せるのではないかと思います。

✓ マウントから意識を外して、人生の本題を進めよう

Section

38

どうせ私は嫌われるから、ひとりでいい

人間関係が円滑な人とは、相手に合わせて適切なキャラクターを作れる人です。

人付き合いがうまい人は、自分の素顔が見えなくならない範囲で仮面＝ペルソナをつけ替え、その厚さをうまく調整しながら、**自分が作りたい人間関係**を創造します。

そうやって人に合わせる態度を、「媚《こび》を売っている」と感じてしまうことはありませんか？　どんなときも自分を貫くことが正しい、**自分に正直に生きたい**といった思いが強く、

その結果、周囲とうまくやれなかった経験があるのかもしれません。

「どうせ嫌われる」「ひとりでいいんだ」と孤独の道を進もうとするのも、それが幸せなら間違った選択ではないでしょう。

ただ本当に孤独になりたいわけではなく、いままでそういった**人付き合いの術**を知らなかったり、**ペルソナの使い方**がわからなかったりしただけならば、新たな道を選ぶこともできると私は思います。

「どうせ嫌われる」と思い込んでしまう場合、自分の考えに固執しやすい傾向があります。これは、正直に振る舞う自分は理解されないと思い込んでいるからです。

自分に正直でいたいという信念は素晴らしいのですが、その意味を誤解していることが多い印象を受けます。

たとえば長引く会議など、みんながペルソナをちゃちゃっとつけて、適当に話を合わせておけば早く帰宅できるというような場面で、ひとり深刻な顔をしてしまう。「私はそういうキャラじゃないので、合わせられません」といった態度を取り、周りを困惑させたりするのです。

嫌われ者な自分を自認して人間関係に悩む人に、「嫌われないように工夫はしている？」と聞くと、実は決まって同じような回答が返ってきます。

「私は自分にウソをつきたくないから、人に合わせる必要はない」

人間関係に悩んでいるにもかかわらず、自分は何も変えるつもりはないといいます。これでは「どうせ嫌われる」道を自ら選択して、作らなくていい敵をわざわざ作っているようなものです。

でもそれって、本当に自分を大切に、正直に扱えているのでしょうか？

適度にキャラ作りして周囲とうまく関係を築きつつ、**自分の目指すゴール**へスムーズに向かおうとするのは、自分に対して不誠実な生き方なのでしょうか？

人間関係をうまくやれる人は、自分にウソをついてまで他人に合わせたいと思っているわけではありません。**自分が本当にやりたいことにエネルギーを使う**ために、無用のトラブルは生まないようペルソナを使って工夫しているだけなのです。

人に嫌われる自分というペルソナを使って人と接するのは、ある意味とてもラクです。本体の自分が決して傷つかずに済むよう、防御しているともいえるからです。

そのペルソナを長期間脱げずにいると、もうとっくに癒《い》えているはずの過去の傷にとらご愛読誠にありがとうございます。

読者カード

●ご購入作品名

●この本をどこでお知りになりましたか？

年齢　　歳　　　　　性別　　男・女

ご職業　　1.学生（大・高・中・小・その他）　2.会社員　3.公務員
4.教員　5.会社経営　6.自営業　7.主婦　8.その他（　　　）

●ご意見、ご感想などありましたら、是非お聞かせ下さい。

●ご感想を広告等、書籍のPRに使わせていただいてもよろしいですか？
※ご使用させて頂く場合は、文章を省略・編集させて頂くことがございます。
（実名で可・匿名で可・不可）

●ご協力ありがとうございました。今後の参考にさせていただきます。

郵 便 は が き

1 5 0 8 7 0 1

料金受取人払郵便

渋谷局承認

9280

0 3 9

差出有効期間
2022年6月
30日まで

東京都渋谷区恵比寿4−20−3
恵比寿ガーデンプレイスタワー8F
恵比寿ガーデンプレイス郵便局
私書箱第5057号

株式会社アルファポリス
編集部 行

お名前	
ご住所 〒	TEL

※ご記入頂いた個人情報は上記編集部からのお知らせ及びアンケートの集計目的以外には使用いたしません。

アルファポリス http://www.alphapolis.co.jp

われたままになって、「どうせ嫌われる自分」に安住してしまうことがあります。**本当の自分で傷ついたとしても、愛し愛される関係性を築くこと。**本体のあなたは、きっとそれを望んでいるのではないでしょうか？

✓「嫌われる自分」という名のペルソナを脱ぐ

Section

39

会話中の沈黙に耐えられない

会話が途切れてしまうと居心地が悪い。気まずい。

相手あっての会話なのに、それが盛り上がらないのはなぜか自分の責任のように感じてしまう人は、多いようです。

そもそも会話が止まったり、話題がなくて沈黙したりするのは罪なのでしょうか？

沈黙しなくても、くどくどと話の長い人は相手を退屈させます。その人は1から10まで話さないと、自分の伝えたいことが伝わらない、理解されないかもしれないという疑いを持っている可能性があります。

しかし皮肉なことに、話が長くなるほど伝えたい気持ちは相手に伝わりにくくなります。

大事なことを伝えたいなら、むしろ**話は簡潔な方が効果的**なのです。

沈黙は金なりといったことわざも忘れてしまいそうなくらい、いまは会話上手な人がもてはやされている時代です。バラエティ番組に出てくるひな壇芸人の影響も大きいのでしょう。

会話上手は賢さや優秀さ、ユーモアセンスといった魅力を表すバロメーターになっていて、やはりトークが面白い芸人ほど人気が出ているような気もします。

一方で私たちは芸人ではないし、トークで人を楽しませるプロでもないはず。なぜそんなに沈黙を「いけないもの」と感じているのでしょうか？

相手を退屈させてしまう。話題のないつまらない人だと思われてしまう。きっとそんな不安が心に渦《うず》巻《ま》くからではないかと思います。

でも世の中には沈黙が気にならない人も普通にいます。好きな人と無言で景色を見ているだけでも幸せ……人生にはそんな時間もたくさんあります。

つまり沈黙が怖いのは、**沈黙に対する認知が自己価値に直結**してしまっている可能性があります。

それこそトークで人気を競うひな壇芸人と似たようなものです。ただの会話が、自分の能力を相手に評価してもらい、合格をもらうための面接のようになっているのです。

沈黙が怖い人は、何か話さなきゃと自分から矢継ぎ早に言葉を発しようとする傾向もあります。気づくと自分ばかりが話していて、**相手の話が聞けていない**可能性があることも忘れてはいけません。

試しに、こんな実験をしてみるのはいかがでしょうか？

むしろ**自分から沈黙を作り出す**のです。

ある程度の言葉のキャッチボールが終わったら、自ら10秒黙ってみる。これを実験して何が起こるか見てみるのはとても効果的です。

同じように沈黙が苦手だという受講生にアドバイスして、実践してもらったことがあります。どんなことが起きたか聞いてみると、その人はうれしそうに報告してきました。

「相手がすごく話をしてくれるようになったんです！」

人と会話する目的は、互いの考えや思い、その場の気分などを伝えるコミュニケーションにあります。それが自分のスキルの発表会のようになっていたら、どんなテンポの良いトークも相手の心には響かない、中身のないものになってしまうでしょう。

沈黙して焦ったときは、「沈黙しちゃいましたね」と笑ってしまえばいいのです。

どうでもいい話題を無理に探すより、その方がウソがない感じがして自然です。

✓ 沈黙そのものを楽しめる余裕こそ、コミュニケーション上手

こんなところにもいる未処理の自分 ～ＳＮＳと自分編～

●ＳＮＳをちゃんと見ていないと周囲に置いていかれそうで不安

仕事の成果、結婚などの記念日やイベントの報告、手に入れたモノ。
周りの様々な人々の「成果」が溢《あふ》れているＳＮＳですが、それと自分の現状と比較することで、自分の人生の進捗具合を確認してしまう、なんてことをしていませんか？

ＳＮＳでは確かに他人の成果が目につきますが、成果を出すには**物事に取り組む意欲**や**モチベーションの維持**が大事です。意欲は日々やるべきことを積み重ねているという実感や、誰かのちょっとしたねぎらいの気持ちなどから得られるもので、決してＳＮＳの情報がもたらしてくれるわけではありません。

そもそも友達に対して、「あの人に置いていかれたらどうしよう」などという気持ちは抱かないのではないでしょうか。

人生という山の登り方は人それぞれ。ネットで手軽に垣間見られる他人の成果は興味深くもありますが、それが不安を誘発するなら、**自分に必要な情報ではない**のかもしれません。

どうせじっくり見るならば、自分の人生の地図を見ましょう。

自分の地図に夢中になるほど、不安は小さくなっていくと思います。

●イヤな相手をブロックしたあとに、いつもモヤモヤする

誰かと何か気まずくなるような出来事があり、相手のSNSをブロックしてしまう。身に覚えのある方も多いのではないかと思います。

もちろんイヤな人と無理してつながっている必要はないでしょう。ただし自分が抱いた感情や相手とのリアルな関係性は、SNSをブロックしたところで消せるわけではありません。

イヤならブロックして関わらなければいい、好きな相手や自分をわかってくれる人とだけ付き合っていけばいい。その考えは半分合っていますが、半分は誤解です。

なぜなら私たちの日常には**好きな人も苦手な人も登場するのが普通**です。苦手な人と無理して仲良くする必要はありませんが、社会生活においては、苦手な人とも関わらねばならない場面がどうしたって出てきます。

本当に好きな人たちに囲まれて生きている人は、苦手な人ともうまく折り合いをつけながら**自分の大切な人間関係**を築いています。嫌いな相手とは必要以上に関わりませんが、わざわざ排除したり、攻撃したりもしません。**本当に手に入れたいもの**がはっきりしている人は、このように強くしなやかです。そのために何を諦めるかも覚悟できるからです。

好きな人たちとの絆を作るつもりが、自分にとってただ都合のいい人間関係を作ろうとしてしまうと、たとえＳＮＳであっても他者との摩擦《まさつ》は起こります。その未成熟さは、ＳＮＳ上の関わりでもごまかせないのです。

都合の悪いことから逃げてしまった罪悪感でモヤモヤしていませんか？　相手の存在というより、自分が取ってしまった感情的な言動に後悔して苦しんでいませんか？

この場合はブロックしても、また同じような人が登場して思い悩むことになると思います。まずはそのことに気づきましょう。

さらに、出来事に対する自分の解釈を見直してみるといいです。

そのイヤな出来事が、自分の中にある未処理の感情とつながっているとしたら？　その経験から学び、**成熟のチャンス**にできると、そんな自分がもっと好きに思えるはずです。

●嫌いな人のSNSがどうしても気になって見てしまう

嫌いなはずなのに、見ないフリをするほどに気になってしまう……まるで恋愛状態のようですね。

だったら、穴が開くぐらいとことん見たらいいと私は思います。

嫌いな感情が湧くのは、実は相手に興味があるからなのです。何に興味があるのかを探り、どうしてそれが気になるのかがわからない限り、嫌いな人のことがずっと気になり続けます。

盲目的な恋愛と同じで、その状況が長く続くのは苦しいです。だから下手にブロックして気になり続けるくらいなら、いっそのことしっかり見て「嫌い」を感じる根っこをつかみ、スッキリしてしまうのがおすすめです。

考え方としては１３４ページの「周りに苦手な人や嫌いな人が多くて生き辛《づら》い」と同じで、嫌いな人の嫌いな部分は、あなたの中にいるゆるせない自分を教えてくれます。特に自分が自分に禁じていることをその人が易々とやっていると、怒りの感情が湧きます。

それがなんなのか突き止められたら、あとは自然と忘れていくものです。「私の人生にわざわざイヤなやつとして登場して、私に気づきを与えてくれたんだな」くらいに思えたら素晴らしいです。

嫌いだからと相手を見ないフリをしていると、人生に嫌いな人が増えていきます。

貴重な時間を、嫌いな人を気にしてイライラすることに使うのはもう終わり。さっさと向き合って、次なる**素敵な出会い**のために自分を磨いておきましょう。

Chapter 3

第３章

生活、お金、
美と健康の中に潜む
「未処理の感情」

健康でいたい、願わくばずっと美しくありたい。
自分の肉体とどんな心持ちで付き合っていくかは、
本来の自分を発揮できるかどうかの重要な分かれ目です。
変えられることと、変えられないことに
折り合いをつけられたとき、自分をより好きになり、
あなたは肉体という器ごと輝き始めます。

Section

40

女性らしいファッションやメイクに抵抗感がある

ファッションもメイクも、大人ならTPOに合わせたり、自分のしたいようにしたりするのが自然です。

しかし、もし「女性らしい」装いに過剰に抵抗してしまうとしたら、それは少し不自然で、「アンチ女性」な態度といえます。

容姿にコンプレックスがあったり、圧倒的に女性らしい見た目をした誰かにイヤなことをされた過去があったりはしないでしょうか。女性性に関するなんらかの傷をきっかけに、「私は女性らしさでは勝負しない」と人生のどこかで決めた可能性があります。

自分の中の女性性が認められない場合、母親との関係に原因があるケースが多いです。

特に子どもが思春期にさしかかるころ、娘に「そんな派手な格好をするな」と服装に口を出す母親はよくいます。

時には、「女性として私よりも目立たないでほしい」と子にマウントするような母親すらいるから悲しいです。性的な事柄を嫌悪したり、異性との交際にうるさかったりするのも根は同じ。

こういった母親こそ、自分の女性性をまだ受け入れられていないのかもしれません。

そして、そんな母親のもとで育った人は女性性を抑圧しがちです。自分の中に「女性性を発揮してはいけない」という歪んだ認知があるかもしれないのです。

人は誰しも自分の中に男性性と女性性の両方を持っています。

男性性とは、**物事を具現化、現実化する推進力**のこと。

女性性とは、**何かを生み出し共感し、育む力**のことです。

人は成長するにつれ、人付き合いや恋愛、仕事などを通してこの両方を育てていきますが、どちらか一方だけを伸ばすことはできません。片方が未成熟なままだと、もう片方のレベルも頭打ちになるのです。

わかりやすいのが仕事でしょう。男性性は強くても、女性性が未熟なままの女性が仕事で結果を出そうとすると、間もなく限界に達して先に進めなくなります。

普段ボーイッシュな格好しかしなくても、**女性である自分を自然に認められている**人は普通にいます。だからこれは見た目や趣味の問題ではなく、「女性らしいものが苦手」とわざわざ感じてしまうところに、未処理の感情が隠れているのです。

特に恋愛、仕事で同じような失敗や不満を繰り返しているなら、女性性について捉え直すタイミングがきていると考えていいでしょう。

では、ここでぜひ自分にじっくり問いかけてみてください。一体なんのために、あるいは誰の目を意識して、女性らしい自分を排除しようとしているのでしょうか？

心がモヤッとすると思いますし、その答えを言葉にするのは難しいかもしれません。だから無理に答えを出そうとしなくていいです。ただそこには、女性性を表に出すのはいけない、自分にそんな価値はないといった思い込みがあるのではないか、少し意識してみてほしいのです。

男性性と女性性の両方をバランスよく育てていった先に統合があります。そのプロセスは自分本来の力を発揮できる、**本当の意味での自己実現**のステージ。

その入り口は、女性性について歪んだ認知を持っている自分に気づけた瞬間に見えてくるはずです。

もっと人に甘えてよかったとか、**感情を豊かに表現していい**といった気づきが起こると同時に、どこかホッとして安心を覚えるようになったなら、いい感じです。いままで頑《かたく》なにがんばらなきゃ、努力しなきゃと自分を追い込んでいた自分にも気づくのではないかと思います。

その深い安定感こそが、実は女性性の力です。人生に対する不満感や憂鬱《ゆううつ》感を根こそぎ吹き飛ばせるようなカギが、そこに隠れていると思います。

✓ 自分の中の女性性を受け入れている人は、「女性らしさ」が気にならない

Section

41

見た目のせいで人生を損している気がする

私の知り合いの女の子は、高校を卒業したとき卒業旅行へ行きませんでした。

なぜかと聞いてみると、周囲の友人たちがみな大学進学を前に整形手術をして、春休みは術後のダウンタイムだから遊ぶヒマがないというのです。

昔は整形をしても周囲には隠していたものですが、いまの世は違うようです。それほどまでにはっきりと「顔」が重要視される時代なのだと痛感しました。

メイクや整形、カラコンなど見た目を美しく見せるためのツールはいろいろあって、だからこそ女性の美の探究は尽きません。

整形で修正が可能だからこそ厄介ともいえます。「この顔でいくしかない」と諦めがつけばまだ楽かもしれません。どこまでキレイになれば満足するのか、アラフォーの美魔女どころか、還暦を超えてもゴールが見えないような女性だって普通にいます。

しかし本来の容姿がどうあれ、人生の不具合を顔のせいにしている態度からは、本人が納得するような成長ができるようには思えません。なぜなら**自分のwantを叶えるための楽しい成長は、「私はダメで価値がない」という価値観からは始まらない**のです。

特にある程度の人生経験を積んだ大人が、「ダメな私」から努力を始めてしまうのは危険です。望みが叶うどころか、むしろ「努力すべき」の枠から延々と出られなくなる可能性があります。

化粧品や整形に莫大なお金をかけ続けてしまうケースがまさにそれです。**等身大の自分**が否定され続けて未処理な状態になっているから、どんなにお金をかけても心は満足しないのです。

そういった苦しみは見た目のせいではなく、自分以外の誰かになろうとしてしまうことから生まれていると思います。

ありのままの本体の自分は、いつになったらこの人生の主導権を握れるようになるのでしょうか？　美しくなったらもっと先まで行けるのに……という可能性を信じていまの自分と向き合わないやり方は、本当に有効でしょうか？

「こんな自分ではダメだ」と自分に厳しくする努力は、成長の伸びしろが大きい子ども向けのやり方です。

実は「厳しい」の反対は「甘い」ではなく、どうやったら自分をもっと大切に扱えるかという視点から生まれる**「工夫」**です。大人になった私たちは工夫によって**自分で自分をサポートしながら成長していくことができます。**

成熟した大人は自分へのサポートが上手です。

できないことや自分にないものは早々に見極めてゆるし、受け入れ、代わりに**自分が持っている伸びしろ**の方に目を向けます。それを工夫といいます。

「美人は3日で飽きる、ブスは3日で慣れる」と昔からいわれますが、顔の作りはどうあれ等身大の自分をゆるせた人は、自分のことを好きでいられます。

理想の美女になってから自分を愛そうとしたって、苦しい努力が続くばかりで終わりが見えないかもしれません。

でもいまの自分をそのまま「こんな自分もいいんじゃない？」と思えることができたなら、私たちはその時点から楽しい成長の方を選べるのです。

人生がうまくいかないのは見た目のせいではありません。

自分ではない誰かになろうとすることが人生の大損なのです。

✓ 人生では、自分以外の誰かを生きることはできない

Section

42

すっぴんを見せられない、加工なしで写真や動画を撮られたくない

自分ではない何かのフリをし続けていたら、人はいつか自分を忘れます。

感情が表れる顔に仮面をつけているなら、心にも仮面がついているはずなのです。

その仮面こそまさにペルソナ。

仮面はずっとつけたままにしておくと分厚くなって、そのうち取れなくなることを知っていますか?

とあるモノマネ芸人の方が、こんなことをおっしゃっていました。長年モノマネをして歌っていたら、自分の声で歌えなくなってしまったというのです。自分ではない誰かになろうとしすぎて、いつしか自分の声を見失ってしまったのでしょう。

顔の仮面だって同じです。本当の顔をずっと隠し続けていたら、自分の顔が自分でわからなくなり、認められなくなってしまいます。

写真加工アプリでブラッシュアップされた若い女の子たちの顔は、加工を重ねれば重ねるほどみんな似通っていくことが多いです。

流行のある洋服と違って**すっぴんは千差万別**なのに、理想の顔や美人は一律。

私たちはこんなにも**「自分という己《こ》」**を感じていたくて日々努力している生き物なのに、

結局は似通った「美」を求めています。それだけ己が脆弱《ぜいじゃく》で、周りと同じでないと不安といった意識が強いのかもしれません。

そもそもすっぴんや無加工の写真を人に見せたくないのは、自分の顔立ちにコンプレックスがあるからです。

だからこそ、肌ツヤや目の大きさを少し変えるだけで自己肯定感が上がるのだったら、写真の加工も悪いことばかりではない気がします。

いい写真写りの自分にテンションが上がって、着たかった服にチャレンジしてみる気になったり、メイクや髪型を工夫する意欲が湧いたりするなら、それはそれで素敵なこと。手が届く範囲内の自分の可能性を見せてくれるツールとして活用できたら、写真加工アプリは自分磨きの有効な手法となるのかもしれません。

一方で、くっつけた仮面がすぐにスルッと取れるかどうかは、たまにチェックしておいた方がいいと思います。何せ私たちは加工した写真に一度慣れてしまうと、無加工の写真にはどうしても違和感を感じてしまうものです。

そのとき自分の顔の造作に対するあら探しばかりがエスカレートして、加工した偽《いつわ》りの自分に依存しすぎると、**リアルな自分に対する自己評価**がどんどん下がるはずです。

他人に会うのが憂鬱《ゆううつ》になるなど、顔につけていたはずの仮面がいつしか心にもぺったり貼りついて、本当の自分を出すことができなくなるのです。

目安としては、自分のことが嫌いかも……と感じたとき、仮面を少し外すといいです。

スマホやパソコン、ＳＮＳから離れたり、自然の中ですっぴんで過ごしたりするのは特におすすめ。

なるべくすっぴんやそれに近い顔を安心して見せられる人と過ごし、**素の自分で「こんな自分も好き」**とじんわり感じられることをしましょう。

✓ 自分を見失う前に、仮面をちょっとゆるめればＯＫ

Section

43

整形で美を手に入れるのは ズルい、卑怯だと思う

美を手に入れるための整形手術に対する価値観は、本当に人それぞれです。

そもそも興味がないタイプの人は、芸能人の誰が整形をしているといったゴシップに触れたところで、「へえ」くらいにしか感じません。自分に関係ない世界のことだから、感情が強く揺さぶられることはないのです。

けれど整形を「良くない！」と明確に断じたり、整形している人を過度に否定したりする姿はどこか過敏で、少し不自然です。

整形というキーワードに過敏な人の中には、過去に整形を考えたことがある人も少なくないかと思います。人目が気になって決意できなかった、金銭的な理由で諦めたなどの経

緯があって、いつしか整形反対派に転じた可能性もあるでしょう。

私たちは誰しも、自分の好きな見た目を選んで生まれてくることはできません。それをお金と医療の力である程度好きなように作り替えられるのが整形手術です。

お金の力というと何か楽をしているように聞こえるかもしれませんが、途方もない努力で整形のための資金を稼ぎ出す人だって普通にいます。広く考えれば、お金を出して化粧品を買ったり、エステで肌をケアしたりすることとなんら変わりはありません。


整形をまるで罪のようにバッシングしたり、卑怯と捉えたりしてしまう根底には何が隠れているのでしょうか？

それはきっと、**不平等に対する強い不満や怒り**なのではないかと思います。

私だってお金さえあれば整形ができたのに！　という不平等感。

私は整形をせずにこの顔でがんばっているのに！　という不平等感。

だからこそ、「親にもらった顔を変えるなんて良くない」「整形した顔で取った人気なんてウソだ」などのバッシングをして、自分の正しさを主張したくなります。

基本的に女性は他者と感情的に共感し合いたい欲求を持っているので、男性に比べると平等意識が強いです。だから己《こ》が未成熟だと、自分の努力や能力が劣っていることを直視できず、不平等というモノサシを使って自己正当化しようとすることがあります。

個人の選択の自由にすぎない整形をつい批判したくなってしまうのは、**平等というモノサシ**の使い方を間違えているからかもしれません。

ここに気づくと、整形というキーワードに反応して湧いてくるトゲトゲしたイヤな気持ちも、少しずつ消えていくのではないかと思います。かつて整形を諦めた人も、その結果やっぱり整形したいと思うかもしれませんし、逆に執着がなくなるかもしれません。

どちらの結果になろうと、**自分本来の価値観**を早々に取り戻すことが大事です。その方が、これからの人生をずっと気分良く生きられると思います。

✓ 不平等というモノサシを捨てて、自分の価値観を取り戻す

Section

44

「オバサン」扱いされる自分が受け入れられない

年を取ってオバサンになっていく自分が受け入れられないのは、若さに未練がある証です。

身体的に衰《おとろ》えていく老化には性別を問わず誰だって戸惑うもの。

そこにあまりにも大きな失望感が伴うなら、心の中にくすぶっている何かがあると考えていいでしょう。

「○歳に見えない！」「娘の友達のような若さ」などを売り文句にする美容商品はよくありますが、老いても若作りに固執してしまう場合、どこか不自然さが否めません。

なぜならそこに、**「年相応」の人間的な魅力**が欠落しやすいからです。

人は年齢を重ねるごとに様々な経験をして、内面にいろんな**「自分の顔」**を増やしていくものです。

たとえば女としての顔、母としての顔、仕事人としての顔、趣味人としての顔。そういった多面性が、その人のパーソナリティと社会的活動、人間関係などを支えています。

一方、加齢が受け入れられずにひどく苦しんでしまう女性は、若く美しい自分という一点でそれまでの自分を支えてきてしまった可能性がある人です。

もしかすると、もっと若いころに美貌でとてもモテたのではないでしょうか？

そうではなかったとしても、まだまだ人生を楽しみたいし「現役」の自覚もあるかもしれません。

そこで加齢がどうしても怖いのは、まだ**完全燃焼**しきれていないからです。

事実、30代も半ばを超えると、恋愛に限らず就職のハードルも急に高くなってしまうのが日本社会の現状です。

やり残していることがあるのに、年齢で弾かれてしまったら困ります。だから「オバサン」の自分をまだ受け入れるわけにはいかないのかもしれません。

ならば、**この人生でまだやり残していること**はなんでしょうか？

仕事という人もいれば、恋愛や趣味、あるいは子育てといった人もいるでしょう。まずは不完全燃焼な何かが自分の中にないかを探してみてください。

そして見つけたなら、なりふり構わずそれをひとつずつ実行していくしかありません。うまくいくか心配して迷っていたら、さらに年を取っていくだけです。

経済力や冷静な判断力など、いまの自分なりの武器を駆使して、**等身大の自分**でやってみること。何歳から始めるにしても、気づいたいまが一番若く、持てる体力と時間も一番多いことは間違いないです。

始めるのに遅すぎることは、決してありません。

もしまだ「オバサン」とまではいえない年齢で、いつかは老いていく自分を憂《うれ》いているのだとしたら、このページを偶然読めたことに大きな意味があると思います。

自分の人生における重要事項に、さっさと手をつけていきましょう。
せっかくの人生なのだから盛大に燃えて、終わりを迎えたいものです。

✓ **人生の重要事項を、いますぐスタートする**

Section

45

ダイエットしたいのに、ストレスを免罪符に食べてしまう

もしダイエットが成功して痩《や》せたら、自分に何が起こると思いますか？

痩せてキレイになったら恋人が見つかりそうとか、夏の海で水着が堂々と着られるとか、人生の何かが劇的に変わることを、心のどこかで期待している人が多いかもしれません。

では、「まだ痩せていない」のはなぜかを考えてみましょう。

ストレスでつい食べてしまうという話をよく聞きますが、ストレスの発散方法はスポーツやレジャーなど食べる以外の方法も選べます。

日々暮らしていたら多少のストレスはつきもの。

ストレスがなくなるタイミングを待っていたら、果たしてあと何年かかるかわかりま

せん。

痩《や》せたいのに、なぜ食べてしまうのでしょう。もしダイエットが成功して痩せてしまったら、逆に困ることでもあるのでしょうか？　なんなら、痩せないでいるメリットがあるのかも……と考えるといいかもしれません。

私たちは痩せて体形がスリムになったら、それだけでなぜか無条件に人生が向上するという幻想を抱きがちです。でも実際に辛《つら》い思いをして痩せても、日々が何も変わらないとしたらどう感じるでしょうか？

痩せてもパートナーはできないかもしれない。痩せてもみんなよりキレイにはなれないかもしれない。痩せても生活はいまと何も変わらないかもしれない。

私たちは、そんな自分に直面することを恐れて、痩せない自分を選んでいる可能性があります。

痩せたって人生が変わらないなら、ダイエットは失敗も同然です。だったらいまのままでいた方が、失敗するリスクもないし安全だと思っているのです。

ダイエットを始めるときまず大切なのは、「痩せる」という**シンプルなゴール設定**。

「痩せたら彼氏ができるかも」とか、それ以外の何かをくっつけないことです。

実際ダイエットに成功するとわかりますが、痩せたからって自動的に人生の何かが良くなるわけではありません。

「痩せても人生何も変わらないかもしれないけれど、それでも痩せたい？」

幻想を打ち砕くこの問いかけをして、それでもイエスと思えてからが本当のスタート。ダイエットの入り口に立てたことになります。

実際にダイエットを始めたら、今度は**「いま」の自分を客観的に見る視点**を意識しましょう。

自分を大事にするというと「いま、ここ」の欲求をなんでも優先していいと思いがちですが、これはおそらく、「引き寄せの法則」を誤解しています。

本当に欲しい結果を手に入れるために必要なのは、**「いま」の自分を受け入れた上での選択**です。

ダイエット中に甘いものを食べるという選択は、あとになって罪悪感が出てくることがあります。それは自分の「食べたい」というwantをゆるせていない上での選択だから。

つまり、本当は食べたいけれどダイエット中だからガマンするという考えで行う「食事制限」は、食事のたびに自分をあざむいているようなもので、本当の自分を大切に扱えていません。「ちょっとくらい……」とお菓子を食べても、結局は心が満たされないから、ドカ食いに走ってしまいがちなのです。

ここでまず大切なのは、「生きるためには食事が必要」だということを受け入れ、そもそも「食べることが好きな自分」に折り合いをつけてあげた上でダイエットを始めることです。私たちの身体は本来、生きていくために必要なだけの食事で満足するようにできています。でも、食事を「食べすぎてはいけない」「残してはいけない」「時間通りに食べなくてはいけない」といった思考でコントロールしていると、いつしか人は自分の「食欲」を自然に感じることができなくなってしまいます。

しかし「食べたい」と感じる自分の「食欲」にＯＫを出し、受け入れてあげると、本来の自然な食欲が戻ってくるタイミングは必ずやってきます。なぜなら、今後いつでも食べていいと思うと、いま食べなくちゃという衝動がなくなるからです。

そこから先は、過剰な食欲も増え続けていた体重も、ちゃんと落ち着いてくるから不思議です。お腹が空いたら食べ、適量で満足して、箸を置く。それができるようになっている自分に、きっとびっくりするのではないかと思います。

このようにいまの自分を認めた先には、たとえダイエットであってもどこか**「こんな自分が好き」と思える充実感や楽しさ**があります。むしろダイエットせずに「また食べてしまったダメな自分」「痩《や》せられない自分」を責め続ける人生の方が、ずっとずっと辛《つら》い選択なのです。

「いま」の自分をゆるしたら、少なくとも自分自身のこと、そんな自分で生きているこの人生を、いまよりもっと深く愛せるようになるでしょう。

✓ 痩せたあとの自分に、過度な期待やプレッシャーをかけないこと

Section

46

添加物などが気になって食べたいものが自由に食べられない

糖質制限ダイエットをして体重がガクンと減る体験をすると、糖質の摂取が極端に怖くなって、他人との外食もままならなくなるようなケースがたまにあります。

痩《や》せていく自分に充実を感じ、楽しんでやれているなら何も問題はないのです。

でも、お土産にお菓子をくれた相手の目の前で「炭水化物は何グラム……」なんてチェックしていたり、目の前で白飯を食べている人をわざわざ「健康に良くないよ？」などと批判してしまったりするくらいになると、それはもう過度のストレスがかかっている証拠でしょう。糖質制限への依存が起こっているといえます。

食べることがストレスになってしまうケースは、他にもあります。ストイックな菜食主義などを実践して、その他の食事のあり方に否定的になってしまう場合。食品添加物が気になって子どものおやつを手作りしているけれど、肝心の自分はいつも疲れてイライラしているような場合もそうです。

何かが過剰に気になるがゆえに不自由になってしまうことは、食以外にもたくさんあります。紫外線を気にしすぎて思い切り旅やレジャーを楽しめないのも、明日の憂鬱《ゆううつ》な仕事のために本当は飲みたいお酒を拒否してしまうのも、実は同じような原理です。

みんな、**人生を楽しむという人生最大の目的**を忘れてしまっているのです。楽しみたい欲求をギュッと抑えてまでもルールをしっかり守って、それで１００歳まで生きられたら幸せなのでしょうか？　もし１週間後に死んでしまうとなって、その間も同じ制限を自分に課したいと思いますか？

健康と食べる喜びを本気で楽しみながら両立できる人は、ストレスになるほど食品添加物を気にするより、とびきりの食材を足で探したり、それをおいしく調理したりすることの方にエネルギーを使うと思うのです。

私たちは「こうなったらいいな」という希望を、いつの間にか「そうでなければならない」という制限に変えてしまう傾向があります。

たとえば週1、2回できれば満足だったことがいつの間にか「毎日やるべき」になって、それが毎日できないと今度はストレスに感じたりします。

wish（願い）がclaim（クレーム）になる……といったのはドイツの精神科医カレン・ホーナイでした。まるで自ら「〜べきだ」といった見えないオリの中に入り込んでいくかのようです。

私たちがその時々の自分の心模様に目を向けて物事を決めるには、想像以上のエネルギーを使います。だから私たちは省エネのため日々にルーティンや習慣を作り出しますが、一方で**私たちの人生は日々様々な事情で少しずつ変化していく**ものです。

以前の自分に有効だったルールが、いまの自分に有効とは限りません。

無効になった「〜べきだ」というルールがいまの自分を圧迫する道具になっていたり、それが生活の中に数多く持ち込まれていたりすると、その思考はあなたの羽を奪い、自由に飛ぶ力を奪っていく恐れがあります。

不自由を感じるなら、ちょっとだけ顔を上げて、周りを見渡してみましょう。がんじがらめになって身動きが取れなくなっていないか、これからもこのままの方針で本当にいいのか。

いまはもう不要になったルールを発見できるタイミングがきたのかもしれません。

✓ 自分で自分に課したルールは、時々見直してみよう

Section
47
将来の病気や災害、保険などのことをとても不安に思っている

不安はネガティブなイメージを持たれがちな感情ですが、本来は人間の危機管理能力として必要な感情です。

でもこの場合は、不安という感情にただ呑み込まれているかもしれません。「どうしよう」と不安を膨らませることにエネルギーを使っていて、その圧力で自らをぺしゃんこにしている感じです。

まず、**不安には境界線を引くことが大事**です。**対策できることは対策して、あとは手放す**というやり方です。

たとえば風邪を予防するには手洗い、うがい、免疫力を高める食事と睡眠。あとは極力

人混みを避けることくらいしか、自分にできることはありません。

対策をそれなりに講じてもまだ不安だったら、あとは時間で区切ってしまいましょう。その不安について3日とことん考えたら、もうおしまい。

地震がこないか1年間不安に思い続けたところで、くるかこないかは誰にもわかりません。できる対策を講じたら、可能な限り早くその不安を手放さないと、本当にやるべきことがおろそかになって人生のクオリティが低下してしまいます。

ひょっとすると、「不安に対処するためにやるべきことをやれていない」という不安があるのかもしれません。

たとえば生命保険のことが不安なら、その情報について調べたり実際に加入したりといったアクションは起こしていますか？　地震に備えたいなら、防災グッズや備蓄品はちゃんと揃っていて、管理されているでしょうか？

不安が止まらなくなると、不安な感情の中にすっぽり入り込んで周りが見えなくなりがちです。案外**本当に大事な情報**を見落としていたり、**簡単にできる対策**にすらまったく手をつけていなかったりすることがよくあります。頭でぐるぐる考えて何かした気になっているのです。

自分にその傾向があると感じるなら、やるべきことを紙に書き出してリスト化するといいでしょう。書く内容はシンプル。何を不安だと思っているのか、その不安に備えるために自分ができることは何かという2点です。

たとえば防災用品を備蓄するなら、何がどれだけ必要で、費用はいくらかかるかをできるだけ具体的にリストアップしましょう。もちろん全部を一気に備えるのは難しいでしょうから、いつまでに何をするといったスケジュールも一緒に書き込んでおくとベターです。

さらに、究極の方法もあります。

その不安を**誰かに話してみる**のです。

「辛《つら》いよね」「怖いよね」「でもがんばろうね」といった共感やねぎらいの言葉は、時に絶大なパワーを発揮します。

ひとりきりで考えているときは真っ暗なトンネルの中にいるような気分だったのが、誰かのひとことを聞いたらふっとトンネルから出られてしまうことも、実際よくあります。

どちらにしたって大事なのは、いつ人生が終わっても**後悔のないように日々を生きること**ではないでしょうか？

不安はいつの間にか浸っておぼれるためにあるのではなく、**人生を安心して楽しむ**ために有効活用すべき材料なのです。

✓ 不安をそのままにせず、人生に有効活用する

Section
48
節約しているのにお金がいつまでも貯まらない

節約しているのにお金が貯まらない。

これは冷静に考えると矛盾した現象です。

本当は節約をしていないか、うっかりお金が貯まらないように工夫をしていないと、そういう結果にはならないはずなのです。

意識の力とは見事なもので、無意識で「本当に」願っている通りの結果が現実になって表れます。思考でどんなに「お金を貯めたいんだ」と抵抗していたとしても、無意識の自分は「お金が貯まってしまうとマズい」から、あの手この手で支出を増やすのです。

たとえばお金は、劣等感を手っ取り早く消してくれるという意味で便利です。男性が女性に大盤振る舞いするのは典型的な例で、お金を自分のパワーの確認に使っている人は浪費しやすい傾向があります。

女性の場合は、買い物に依存するケースに陥《おちい》りやすいです。ブランド店や高級レストランで贅沢をすると、本当に向き合うべきイヤなことや辛《つら》いことを手っ取り早く忘れられます。つまり、買い物依存の人はモノやサービスが欲しいのではありません。**満たされない思い**があることに気づかない限り、買い物を続けてしまうのです。

お金が貯まらないのは、必ずしも収入が低いからではありません。ある程度の年収があっても、お金の額そのものを直視できず問題を抱えている人はよくいます。

次の例は私が実際に出会った受講生ですが、「お金が貯まらない」と悩んでいたその方の世帯年収は１２００万円でした。

人気の街のタワーマンションに住み、子どもたちは有名私立校、車は外車。年収１０００万円を超えていればこのくらいの生活ができるだろう……といったイメージが先行してしまい、現実的なお金の計算ができていない典型的な例です。東京都心でその生活を安定維持してしっかり貯金もしたいなら、年収は１２００万円では足りないはずです。

お金との付き合いがうまくいかない人は、総じて**お金に対する認知**がネガティブです。

お金は苦労しないと手に入らない。

お金はすぐなくなってしまう。

お金は汚い。

お金をたくさん稼いでいる人はズルい。

その認知の大半は、親の認知を受け継いでいます。親がお金に苦労するのを見ていると、その子どもは自分が稼いでしまったら親と共感できなくなってしまうので、無意識のうちにお金に苦労する人生を選んだりするのです。

お金がなくて当たり前と決めつけている無意識の自分が、どこかでブレーキをかけているからです。

たとえば節約にうるさい親だったなら、子どもは「どうやって稼ぐか」ではなく、「何を節約するか」にばかり意識を向けるようになるでしょう。お金持ちはズルいといった価値観で育つと、仕事がうまくいきそうになるたび「ズルい人になってはいけない」という無意識がトラブルを起こしたりします。無意識の力は、そうまでして親への愛を守ろうとするのです。

つまりお金に関する課題を乗り越える最初のポイントは、認知です。

幼少期から親や周りの大人たちの影響で植えつけられてきた思い込みに気づき、「それは本当か？」と自分に問い直して、お金に対する認知を自分なりに**再選択**せねばなりません。

株主優待券で生活している様子が、とある深夜番組で話題になっていた男性がいます。有効期限が近い優待券から使っていくのが彼のルールだったそうですが、ある日その優待券の中で、有効期限がなくずっと使用していなかったものに目が留まりました。そしてふと気づいたというのです。優待券や貯金に期限がなくても、自分の命には期限があるじゃないかと。

そして彼は、いよいよ貯金を使う決意をして、夢だった猫と暮らせるマンションを探し始めたそうです。人生に期限があるという気づきが、彼に最もやりたかったこと、やるべきだったことを思い出させたのでしょう。

夢はいつまでに叶えるという期限を設けることで、**「予定」**に変わります。貯まったらいいなと夢見ているだけで期限を設けなければ、いつになっても予定にすらなりません。

お金に対する価値観を選び直せたら、きっとそこから**自分の本当の目的**に向かうことができるようになるはずです。次からご紹介するふたつのパターンの中にも、あなたのお金の認知に近いものがあるかもしれません。

長年使い続けた認知ですから気づきにくいです。それに、フタを開けて自分の心をのぞくのは怖いことだと思います。でもほんのちょっとでも見て何かに気づけたなら、確実に**未来は変わっていく**はずです。

✓「どうせ貯まらない」とブレーキをかけている「思い込み」があるかも？

Section

49

本当に欲しいものではなく安い方を選んで後悔しがち

「これが欲しい！」と狙いの品を買いに行ったのに、その隣に置いてあった廉価版に目が留まって、ついつい違うものを買ってしまう。

こういった選択をしてしまう場合、自分が**本当に欲しいもの**を手に入れるより、**1円でも損をしない方が大事**という価値観を採用している可能性が高いです。

安物買いの銭失いともいいますが、世の中には豊かになることよりも、「損しない」を重視して経済活動をしていることが少なからずあるのです。

ポイントカードを貯めることへの執着心も実は同じです。

損したくないからポイントがつかないものは買わないとか、いますぐにでも欲しいけれどポイント10倍デーまでガマンするとか、日々のお買い物がポイント取得に振り回されます。カードを忘れてしまった日には、もう何千円も何万円も損したかのようなガッカリ感を味わうのだから大変です。

いずれにしても、本当に欲しいものを手にするわけではないので、買っても買っても心は満たされません。

損をしないことと豊かであることは、実はイコールではありません。

安物買いの銭失いをやってしまう場合、このカラクリに気づいていないケースが非常に多い気がします。損してしまうことに怯《おび》えて、損しない道を最優先で選んでしまい、豊かさにはなかなかたどりつけないのです。

本当に欲しいモノや体験に対価を使い、豊かさを味わうのはひとつの**覚悟**です。

でも「損しない」を基準に選んだモノや手ごろに得た体験は覚悟を伴わないので、いつまでも自分の身にならなかったり、大切にできなかったり、モノを選ぶ目も養えません。

ここでちょっと視点を変えてみましょう。

「豊かさ」を先に選んだ場合はどうでしょうか？

その豊かさを守るために、損のないお金の使い方をしようと考えれば、欲しいものも手に入るし無駄使いもしません。これこそ、**自分の価値観を大切にした上で、お金も大事に扱う**という豊かな姿勢です。

実際、誰かと共同で何かを買ったり食事をしたりするとき、私たちは「絶対に損したくない人」のケチな言動を敏感に察知したりするものです。「損したくないんだな、この人」と思われてしまうことがもう、すでに人として大損ではないでしょうか？

これからは損得ではなく、「豊かさ」の方を先に選んでみましょう。

そうして手に入れたものにどんな気持ちが湧くか。その気持ちが、以後のお金との付き合い方を少なからず変えていくと思います。

✓損する恐怖にとらわれすぎると、豊かさを見逃す

Section
50

なんでもお金で解決できたら楽なのに……と思う

お金という免罪符さえあれば、この世の中は結構ラクに生きられるんじゃないか？

そんな希望を抱いてお金のためにがんばってきたけれど、最近どうもパッとしない。仕事はまぁ、それなり。大成功でもないけれど、だからって不満というほどでもない。欲しい服やバッグも買えるし、行きたいときに旅行にも行ける。

でも、お金はやっぱり魔法のチケットではないのかもしれない……。

自由に使えるお金は持っていても、肝心の人生を見失っているケースは少なくありません。**お金の魔法には通用する範囲がある**からです。

なんでもお金で処理できる、お金さえあれば人生どうにかなると本気で思っている人には、どちらかというと人付き合いが苦手な方が多い印象を受けます。

経済的な悩みはなくても、**人間的な情緒**は未成熟かもしれません。ごく冷淡だったり短気だったり、わりと偏ったキャラクターをお持ちの場合もあります。

仕事は優秀、地味で真面目なのに、なぜかやたらブランド好きで派手な女性をパートナーに選んでしまう男性にもよくいます。極端な例だと、結婚詐欺に遭《あ》ってしまうようなタイプです。

女性の場合だと、遊びや恋愛の経験は少なく、仕事のキャリアを地道に積んできたような方に多い印象です。とても優秀な一方、何歳になっても「いつか白馬の王子様が私を迎えに来る……」と夢を見ているようなところがあります。

優秀であるがゆえ、人間関係を育《はぐく》むためのステップを踏んだ経験が少ないという可能性もあるでしょう。

生活するには一生困らないかもしれませんが、他者とトラブルを起こしやすい、もしくは人間関係に満足していない傾向は高めです。いつしか、孤独という悩みにぶつかるのではないかと思うのです。

ここまで読んでみてもし「自分のことかも？」と感じたなら、ご自分についての事実を明らかにしてみることをおすすめします。

なぜなら人生の波をうまく乗りこなす人は、**自分のことをよく理解している**からです。自分の傾向と対策がわかっているから、後悔しない選択で人生を発展させられます。

自分について、努力さえすればなんでも手に入れられるとか、なんでもできるようになると思っているようなところはありませんか？

たとえば現状恋人はいないけれど、あと5キロ痩《や》せさえすればできると思っていたり、プロの指導で練習しさえすれば、歌手になれると思っていたり……といったようなことです。

しかしここで、**「やればできそうなこと」**と**「ただの事実」**は、しっかり切り離す必要があります。「ただの事実」の方だけをリストアップして、自分のありのままの課題を見てみましょう。そこに、本当に手をつけるべき未処理の自分がいるはずです。

さらに、次の質問です。

それだけ稼いできたお金で、あなたはこの人生に何を得てきましたか？

どんなものを得て、どのくらい心が満たされてきましたか？

もしかすると、そこを直視するのが一番難しく、恐れを感じるかもしれません。なぜなら、お金との付き合い方は自分との付き合い方で、**稼ぎ方より使い方にその人が表れる**からです。

「自分のために生きればいい」とは確かにその通りですが、それはお金だけに支えられて、自分の価値を感じることではありません。

その事実を知った上で、自分はどう「在りたい」のか。これを選び直すタイミングがきていると思います。

✓ お金をどう使ってきたかで、自分との付き合い方がわかる

Section

51

日用品のストックを買いすぎて持て余す

愛用している洗剤のセールを見かけたとき、「安いからもうひとつ買っておこうか」と考えるのは誰にでもよくある心理です。

ここでストックを一気に何個も買いたくなったり、いざ家に帰ったら同じ洗剤が納戸にいくつも入っていたり、飽きて結局使わなかったり……といったことが頻発するなら、そこになんらかの課題が隠れていると思います。

たとえば、ストックがないと何が不安なのか、考えてみたことはありますか？

いまどきの日本では、スーパーやコンビニへ行けば日用品はいつでも手に入れられます。

セールで買い溜めするといっても、買いすぎて持て余したら結果的には損するかもしれません。

それに洗剤やティッシュなど、日用品の機能はいざとなったら別の似たようなモノで代替できることも多いです。手元にストックがなくても、買い物に行くまでは代用品で済ませられるという人が大半でしょう。

買いすぎてしまう人とそうでない人との最大の違いは何か。

ストックを切らしたことに**罪悪感**を感じているか、いないかだと思うのです。


納戸を開けたときに日用品のストックがいっぱいな人や、使わないものがズラリと並んでいる人は、その光景を見てある種の**安心感**を得ている可能性があります。

その安心感の正体を探ってみると、未処理の自分が見つかるかもしれません。

もしかすると、親にもストックを多めに買う習慣があったのではないでしょうか。いつもと同じ銘柄の醤油などをたまたま切らしたとき、父親に責められて辛《つら》そうな顔をしている母親を見て、いたたまれない気持ちになった、なんてことがあったかもしれません。

あるいは、何かをうっかり忘れたり準備不足だったりしたとき、親から「ほら、また！」と叱られてきた記憶がありませんか？　そういったなんらかの記憶が、「たくさんストックしなければ安心できない」という思考につながっている可能性があります。

現実的に考えて、日用品のストックひとつなくなることに不安を覚えていたら、日常に何かハプニングが起こるたびに不安定を味わうことになります。先々を見越して備えているように見えても、実は自分にとっての安定の「範囲」はとても狭い可能性があるのです。

人生の中でハプニング的なことに対処してきた経験が少ないか、そういった経験をなるべく避けながら生きているようなところもあるかもしれません。

収納が溢《あふ》れるほどストックしてしまう心理は無意識のうちに働いてしまうもので、いわゆる「ゴミ屋敷」を作ってしまうメカニズムと実は似ています。

どちらも**心にポッカリと開いた穴＝不安をモノで埋めている**と考えられるのです。

その穴の存在に気づき、本来埋めるべきだったことに目を向けさえすれば、無闇にストックを買って無駄にする、後悔するといったパターンも消えていくでしょう。

自分にとって人生を楽しむとはどういうことなのか。

モノを買い込むことで自分の中にある何を埋めようとしているのか。

些細なことのように思えても、この課題は自分の人生のパターンに大きな影響を及ぼしているかもしれません。

✓なんのためにストックするかを、もう一度見直してみる

Section

52

掃除や片づけ、整理整頓がどうしてもできない

突然ですが、自分の家でどんな暮らしをしたいと思っていますか？

片づけ下手や家が散らかっていることにお悩みの方は、私の講座の受講生にもとても多いです。

だから収納家具が欲しい、余裕のある広い家に住みたい、片づけのプロに学んでみたいといった「欲しいもの」はいくらでも出てくるのですが、そもそもどんなふうに暮らしたいかと聞かれると、途端にわからなくなる人が多いと感じます。

どんな暮らしがしたいかは、すなわち**どんなふうに在りたいか、生きたいか**という問いにも通じてきます。want が見えていないのだから、何をどの程度片づけ、整頓すればい

いのかわからないのも無理はないと思うのです。

そこで、1日のルーティンを洗い出してみることをおすすめします。なぜなら現代人は、掃除も満足にできないくらい日々に余裕がないことが多いからです。

朝は朝食を取る間もなく家を飛び出て、帰宅して夕食を食べたらシャワーを浴びるのも面倒なくらいどっぷり疲れ、ソファに倒れ込んでしまうような毎日。物質的には豊かな世になったのに、生活どころか生存に追われているといっても過言ではありません。

思うに掃除下手に悩む人々は、どんな属性であれ**時間や体力のマネジメント**が苦手な部分があると思うのです。それは、どう暮らしたいかのゴールが見えていないからではないでしょうか？

そもそも、どのくらいの状態が「キレイ」で「片づいている」のかは、家庭によって価値観の差があって当然です。

たとえば私は2人の子どもがいますが、中学校までは毎年5月に家庭訪問があったので、大掃除はその直前のゴールデンウィークにやる方針を採用していました。年末にやるよりも効率がいいと考えての、一種の手抜きです。

掃除や片づけに苦手意識がある人は、自分なりのゴールがないのでそういった力の抜き方もわかりません。断捨離やミニマリストが支持されるのも、掃除やモノの管理に疲れている人の多さを物語っているでしょう。

しかしモノが異常なくらい散らかっていたり、モノを極端に減らしすぎてしまったりする場合、自分に必要なモノとそうでないモノの区別ができないという意味ではどちらも似ています。自分の暮らしにとって本当に大切な何かまで捨ててしまったら、それこそ本末転倒だと思うのです。

冷凍庫のものをレンジでチンすれば食事ができて、ボタンひとつで洋服の洗濯から乾燥までできてしまう。その便利さは人間が生きるのを楽にした一方で、**「本当はどんなモノに囲まれ、どんな暮らしをしたいか」**を考えたり、夢見たりする力そのものを衰《おとろ》えさせているのかもしれません。

きっといま学ぶべきは、モノの片づけ方や掃除法だけではないのです。

どんなに美しく片づけたり、モノを減らしたりしても、それが**自分基準**に即していなければまた家の中には問題が起きてくるはずです。

何が正しいか、ダメかという頭で考えた価値観ではなく、このくらいが心地いいとか、安心して暮らせるといった**自分の感覚をちゃんと知った上で選択**する。その力を磨くことが、本当の課題かもしれません。

✔ どう片づけるかではなく、どう暮らしたいかに目を向けてみる

Section

53

料理や家事が苦手な自分は「女として劣っている」と感じる

料理や家事の不得手が、女性としての優劣に直結してしまうのはなぜでしょうか？

これは、料理や家事に苦手意識を持つキャリアウーマンのお話です。彼女は結婚願望がある方でしたが、男性とお付き合いが始まって間もなくすると彼が家に来なくなり、別れてしまうパターンを繰り返していました。

私は彼女に「世の中の男性はどんな女性と付き合いたいと思う?」と聞いてみました。

彼女の答えはこうです。

「料理上手でお掃除ができて、なんでも気が利くし話も面白くて……」

私は思わず「家政婦さんになりたいの？」とツッコミを入れてしまいました。

事実彼女は自分の仕事も相当忙しいのに、彼氏が来るたびに家を整え、凝った料理を作るといった努力をしていました。パートナーと過ごす時間は一種の安らぎですが、それが毎回完璧な料理でビシッと出迎えられたら、最初はうれしくてもそのうち息苦しくなってくるでしょう。

彼女には「女性としての魅力が欠けている」という強い**自分像**があって、それを料理や家事をがんばることで埋めようとしていました。

しかし現実には、料理や家事が苦手な奥さんも普通にいます。「ズボラ主婦の○○」なんてフレーズもよく聞きますね。世の中には時短レシピやロボット掃除機など、家事を手抜きするためのモノや情報だらけです。

料理が苦手だからって、女としての魅力に欠けるというのも**極端な価値観**です。いかにも女子らしいふわっとした雰囲気の人が料理下手だったとして、だからその人が女性らしくないといえるでしょうか？

つまり**本当の問題**は、料理や家事が苦手なことではないと考えられます。本来取り上げるべき別の課題を、「料理が苦手」という課題にすり替えて見ないようにしている可能性があるのです。

例に挙げた女性の彼氏は、きっと彼女と過ごす時間にリラックスできなくて、家に来なくなったのでしょう。

そこについて聞いてみると、「でも、リラックスしてもらえるように私はがんばっていた」と答えていました。つまり彼女は、自分が恋人にプレッシャーを与えやすいキャラクターであることを暗に自覚していたのです。

さらに突き詰めていくと、彼女は「仕事はどんなことでも完璧にこなさなければ」という信条を持っていました。いい換えれば、「仕事を完璧にできない人間には価値がない」という思い込みです。

料理も家の中も完璧にやろうとする彼女から、彼氏はその圧を無意識に感じ取っていたのだと思います。一方の彼女は料理を喜んでもらうことで**自分の無価値感**をカバーし、本当の課題と直面するのを避けようとしたのでしょう。

確かに「あなたのような性格が苦手」といわれて恋人とうまくいかなくなるより、「料理がおいしくなかったから」という理由でフラれた方が、気持ち的にはまだラクな気もしますね。

しかし彼女が「料理するのが面倒だから、デートの日は外でおいしいものを食べたいな」とありのままの自分で笑えていたら、結果は変わっていたような気がしませんか？

料理や家事ができることは、巷《ちまた》でいう「女子力」の象徴なのでしょう。でもやっていて楽しくないと自分でもイライラし始めます。その姿を見ている相手も辛《つら》くなります。大好きな恋人が毎回無理をして料理している様子を見て、うれしい男性がいると思いますか？

楽しいなら別ですが、料理教室に通ったり、女性らしい趣味をあえて探したりする必要はありません。

その裏に隠そうとしている、**本当の課題を見つけ出すのが先決**です。

✓ 家事や料理が苦手でも、女性らしい人は普通にいる

Section
54
朝が苦手で、時間通りに起きるのを苦痛に感じる

朝起きるのが苦手で苦労している場合、ふたつの傾向があります。

自分がどちらのタイプかによっても対策が変わってきますから、この機会にぜひご自分の課題を見てみることをおすすめします。

まずひとつめは、毎日遅刻ギリギリか、遅刻が当たり前になっているケース。

時間通りに起きても、余裕を持って到着できることはほぼありません。周囲からも「あの人はどうせ遅刻する」と公認状態にすらなっています。

もちろん本人の意識では「朝起きるのが大変」と感じていて、遅刻に罪の意識を感じて

いるから苦しみます。

ならばただルーズな性格なのかというと、それも違います。定刻出社というルールをあえて犯すことに、なんらかの意味があるのです。本人は無意識かもしれませんが、朝に運良く目覚めたとしても、忘れ物をするとか階段で転ぶといったトラブルを起こしやすい傾向もあります。

つまり、遅刻をすることに**メリット**があると考えられます。遅刻して、それでもゆるされる自分であることを確認したいのです。自分の存在が会社にとってどれほどのものか、能力がどれだけ認められているか、そういったことを試している可能性があります。

母親の前でお菓子が欲しいと泣いてねだる子どもや、恋人をあえて突き放して愛を試すような態度も同じです。愛されている自信がないから、相手の愛をはかって**自分の価値を確認したい**のです。

私の講座の受講生にも似たタイプの方がよくいらっしゃいます。課題を解決したくて来たはずなのに、「私は変わるつもりはない」「変えられるものなら変えてみてください」といった態度をあえて取ることで、こちらの注意を引こうとします。だから本当の課題に取りかかるまでに時間がかかるのです。

この構造に一旦気づいてしまうと、自分がいかに非効率なことをしていたかがわかります。あなたにもおそらく、遅刻してまで誰かに気づいてほしい、わかってほしいと感じているなんらかの「本丸」があるのではないでしょうか。

それを見つけ出せたら、朝起きられないという悩み自体がどこかへ消えてしまうかもしれません。

続いてふたつめは、「〜べき」という should で生きている傾向がある場合。

会社に大遅刻するようなルール違反は滅多にしませんが、朝起きて家を出るまでの苦痛がとにかく大きく、出社までにかなりのエネルギーを消費します。

この場合は、「朝起きたくない、会社に行きたくない」という want と、「会社に行かなければ」という should が同時に起こるからキツいです。

イヤなことが起こった翌日などは、特に布団から出たくなくなります。このままじゃダメだから……と枕を替えてみたり、ストレッチをしたり、やる気を起こすための新しい目標を作ってみたり、結構いろんなことを試みてきたのではないでしょうか？

本人的には「会社に行かなければならない」というshouldの方を向いて努力しているのかもしれませんが、これは朝が来るたびに湧いてくる「行きたくない」というwantにフタをするための努力でもあります。

人は「〜したい」というwantを自身が認められないと、日々のルーティンであるshouldに取りかかる意欲はだんだん湧かなくなっていきます。

だから**本当に手をつけるべきはwantの方**です。

「起きたくない」自分を認めると「だらしない私」が明確になってしまって、もっとダメになると恐れているのかもしれません。本来の自分を受け入れず、会社に行けるか、行けないかを悩みつつ1年、そのまた1年と過ごす葛藤《かっとう》が多い人生を選んでいます。

コーヒーを飲んだら落ち着いたとか、友達に会ったら気が晴れたとか、その場しのぎの気晴らしで「自分を大事にした」つもりになって、本当の自分の一部分はないがしろにしているのと同じようなもの。

憂鬱《ゆううつ》な朝の繰り返しから脱出する方法はひとつです。人生をいますぐwantに抵抗し続ける思考から、朝が苦手だと受け入れた上でさてどうしたいのかといった思考に切り替えましょう。

この辛《つら》い朝をどうやり過ごすかにエネルギーを使っていても、人生は前に進みません。

これからの1年でどんな自分を育てていくか。苦手なこと、できないことがある自分をゆるした上でどんな自分が好きか、**自分の意志の方を大事にする**のです。

✔「がんばって起きなければ」とばかり考えていないか？

Chapter 4

第４章

恋愛の中に潜む「未処理の感情」

人は自分を深く大切にした分、人を大切にできるものです。
人を本気で愛せるのは、自分にＯＫを出せている人だけです。
未処理の感情を抱え込んでいるあなたは、
誰かを懸命に愛しているようなつもりでいて、
いつも自分のことで精いっぱいなのかもしれません。
未処理の感情をフリーにしてあげられたら、
いつもの悲しい恋愛パターンは必ず変わってきます。

Section

55

似たタイプばかり好きになって いつも失敗する

いわゆるダメンズを選んでしまう場合、人の役に立ちたいという欲求の強さがダメンズを引き寄せています。

その裏側にあるのは、人の役に立てない自分には価値がないという強い**自己否定感**です。

だから手のかかる男性を選んで、**「人の役に立てる自分」を確認**しようとします。

職場でパワハラを受けているのに、いつまでもその場所から離れず、むしろ自ら留まっている人のことを思い浮かべてみてください。

彼らは、自分に厳しいことをいってくれる人こそ、自分を成長させてくれると誤解しています。

怒られないと人は成長できないという価値観が、わざわざ自分を否定してくる人を引き寄せるのです。周囲から見れば明らかなパワハラでも、本人はそうと気づけません。

たとえば女性に対してモラハラをしてくるような男性には、戦略に長《た》けた賢い人物も多いです。人をコントロールする術に長けているので、女性からすると強く男らしく見えてしまうところもあります。

すると、自己否定感の強い女性ほどそういった男性に「守ってくれそう」といったカン違いをして、惹かれてしまうのです。

ダメンズ好きな人は、愛する男性に尽くされる喜びを知りません。男らしさの仮面を被った男性に傷つけられるパターンを繰り返してしまう人は、本当の意味で男性に支えられ、守られる安心感をまだ知らないのだと思います。

愛のバリエーションに乏しいのです。

愛にはいろんな形があります。現実に繰り返し起きる不具合が、あなたにそのことを必死に伝えようとしているのかもしれません。

ところで、あなたは自分の恋人を本当に自分で選べていますか？

恋人を作るとき、いつも自分にいい寄ってきた男性の中から選ぶという恋愛をしていないでしょうか？

自分から相手を選んで告白する恋愛ではなく、「自分なんかに」惚れてくれた相手を選んでいるから、いつも似たような問題を起こす相手に当たっている可能性があります。

同じようなパターンの恋愛を繰り返す女性の悩みを聞いていると、「私が彼を支えなければ」と思い、必死に努力をしている人が本当に多いことに気づきます。「それは逆よ。支えてもらえばいいのよ」とアドバイスすると、彼女たちは決まって目を丸くしてこういうのです。

「男って、女が支えるものじゃなかったの!?」

どんな女性にも、男性に支えてもらうだけの価値が本来は十分あります。

これはどんな男性を選ぶかの問題以前に、**自分が自分の価値＝女性性を受け入れられているか**という課題。

あなたがその価値を大事にすれば、それを大事にしてくれる男性を見つけることもできるようになるはずです。「支える」ばかりでなく、**「支え、支えられる」**といった初めての恋を経験するはずです。

✓支えてあげるのではなく、支えてもらう

Section
56
好きになれる人、いいオトコがいない……と感じる

周りにいい人がいないから恋愛できない、と悩んではいませんか？

その悩みについて考えてみたとき、私は同じように「いいオンナがいない……」と悩んでいた男性受講生のことを思い出しました。

一流企業に勤め、30代半ばで間もなく役職に就くか……という業績を持つ優秀な方です。

結婚したいけれどまだ彼女がいないというので、なぜ？　と聞いたらそう答えたのです。

そこで私は、「仮に私があなたから彼女ができたという報告を受けて、『なんでこの子を選んだの？』と聞いたら、なんと答えるのがベストだと思う？」と聞いてみました。

すると彼は、ウンウンと考えながら「優しくて」「愛情深くて」「見た目や性格はああで、

こうで……」と、いろんな条件を挙げ始めたのです。

間もなく私は、彼の話を遮《さえぎ》ってこう伝えました。

「いやいや、『大好きだったから』っていえればいいんだよ。そういえるのが一番ハッピーなんだよ」

本当に誰かに恋したことがある人は、**恋に落ちることに理由なんてない**とよくよく実感しています。そういう人ほど、相手のどこが好きだったのか問われてもはっきりとは答えられません。どう言葉にしても、大切な想いがウソっぽくなってしまうからでしょう。

先の男性は、そういった意味で本当の「初恋」を未体験な可能性があると思いました。恋愛を頭で考えた理屈、条件でやろうとしている時点で、やっぱり恋愛を知らないのです。社会的に評価を受け、結婚相手としても申し分ないといわれるような層の男性でさえ、そんな人が実は多かったりします。

女性に対して明るくて屈託のない、快活なアイドルのような男性が結局モテるのは、世の中にそういうコミュニケーションができる男性が圧倒的に少ないからかもしれません。

そんな現状ですから、周りを見渡してもいいオトコがいない……という主張は確かに一理あります。でもいないのは自分の周りだけで、素敵なパートナーを得ている女性はたくさんいるのに……という不思議も感じているのですよね。

そういった場合は、ちょっとした誤解をしています。

他の女性たちが良きパートナーを得られた理由は、いいオトコを運良く発見して、彼らに見初められたからでは「ない」可能性が高いです。

人から「いい夫を持ったね」といわれる妻は、だいたい自分が褒めたり頼ったりすることで、夫の**本来の魅力**をうまく引き出してあげています。いまどき白無垢を着てお嫁に行くのは、むしろ男性の方なんじゃないかとさえ思うほどです。

女性は察するコミュニケーションを求めますが、なんでも言葉で伝えなければ伝わらない生き物である男性に、最初からそんなコミュニケーションができる人はそういません。加えて恋愛経験に乏しい男性も多い中、自分の人生に「いいオトコ」が登場するのを待っていたら、どれだけ時間がかかることか……！

いいパートナーに恵まれる人は、待つのではなく自ら上手にアメとムチを使い分けながら、男性と**一緒に成長していく**という道を選んでいます。それを知った上で、自分はどうするかという話なのです。

ちなみに、それでも好きな人を見つけたい、パートナーと歩む道を選びたいなら、最初は「もしかしたら、いいかも？」と思えるくらいで十分なので、そういう男性を何人か自らの目で選びます。その中から、自分を選んでくれる人を選ぶのがおすすめです。

一緒に成長を楽しめそうな相手は誰か？

この視点を持っているだけで、人生を共にしたい人が見つかる可能性はグンと高まるはずです。

✓「好みの条件をすべて満たしている男」なんて、本当はいない

Section

57

「結婚できない人」というレッテル貼りが怖い

これは「結婚できない人」というレッテル貼りを恐れる女性に聞いた話ですが、彼女は内心、独身だったとしても「バツイチ」ならいいと思っているそうです。

どうやら彼女のような人たちの中では、世の女性は「結婚できる人」と「結婚できない人」に分かれているようです。「結婚できること」が**女性としての価値**をはかる一種のボーダーラインになっていて、だから1回は結婚することができた「バツイチ」ならセーフという理屈です。

20代も半ばを過ぎると婚活を焦りだすという話は、いまの時代も相変わらずよく聞きます。ステレオタイプな価値観の親を持つ人ならば、実家に帰るたび「孫の顔が見たい」とプレッシャーをかけられたりもするでしょう。

そういった背景が、「結婚願望はあるけれど結婚する機会がない」女性たちに、多少の負い目を感じさせる要因になっているところは確かにあると思います。

しかし、「結婚できない人」のレッテル貼りを恐れる人はちょっと違います。なぜなら世の中には結婚できない人ばかりではなく、結婚する気がない、たまたまする機会がないという人だってかなり存在するからです。

けれど彼女たちの見ている世界には、「結婚できる人」と「結婚できない人」しかいないようなのです。すなわち、自分もまた他人をレッテル貼りするしかなくなります。

結婚していて離婚歴がなく、２人の子どもがいる私の感覚からすると、ずっと独身で**自分なりの人生を楽しむ**のも素敵だなぁと思ったりします。もちろん、だからといって自分が結婚したことを後悔しているわけではないし、自分と独身女性のどっちが幸せかなんてジャッジしたいわけでもありません。

結婚しようがしまいが、**人は人、自分は自分**。それが事実をありのままに見ている場合の普通の感覚です。

それを「結婚できたら女として勝ち」のように思いたいのは、学歴が高いからスゴいとか、ポルシェに乗っているからスゴいとか、ステレオタイプで人をカテゴリ分けしたがるあの感じにどこか似ています。

脳は認知作業をなるべく簡素化しようとする機能を持っています。

人がステレオタイプで何かをカテゴライズして一括りにしがちなのは、そうやって考えた方があれこれ深く考えずに済んで、エネルギー消費が少なく済むから。型にはまって生きる方が楽という考え方と一緒です。

結婚してもその後にまだ長い長い人生が続くこと、そもそも人生のゴールは結婚でもないといったことに、本当の意味でまだ想像が及んでいないのかもしれません。

だからもし「レッテル貼りをされるのはイヤだ」と苦しんでいるのなら、**他人の評価に自分の価値をゆだねるのをやめる**ことです。

結婚しても、結婚しなくても、自分自身の価値は何も変わったりしないのです。

それに結婚で勝ち負けが決まってしまうほど、私たちの人生は単純なものでもありません。

✔ 物事をレッテル貼りでカテゴライズしてしまうのは、脳が楽をしたがるから

Section

58 「僕がいなくても大丈夫でしょ？」とフラれてしまう

「キミは僕がいなくても生きていけると思う」
「僕はキミに母親をやってもらいたいわけじゃない」

男性が女性に別れを告げるときの残念な二大文句といえばこれです。

相手から察して気遣ってもらえることがうれしい女性と違って、男性は女性から求めてもいないアドバイスをされるのをとてもイヤがります。自分に能力がないといわれているように感じてしまうからです。

同時に男性は、好きな女性を自分が喜ばせた、サポートできたという事実に何よりも大きな喜びを感じる生き物です。「ここは僕に奢《おご》らせて」といった好意を女性が「悪いから」と遠回しに拒否していると、「この人には僕のサポートがいらないんだな」と判断するのが男性の思考回路なのです。

こういった男性脳・女性脳の違いは近年様々なメディアでも取り上げられ、恋愛に悩む多くの人にも知られるところとなりました。

しかし相手に尽くしすぎたり、心配しすぎたり、まるで彼の母親のようになってしまうことに悩む、「しっかり者」の女性は依然として多いです。頭で理屈を知っているだけで、現実に不具合を起こしている原因が未処理のままである可能性があります。

その場合、フラれてしまうパターンを作り出している何かを、自分の中へ見に行く必要があるのです。

そもそも**自己否定感**が強い女性は、男性と関わる上で最も踏んではならない2つの地雷を踏んでしまいがちです。

それが先に紹介した「余計なアドバイスや心配をする」と、「好意を素直に受け取れない」。いずれも**相手にとって役立つ自分でなければならない、自分が相手に与えなければ**

一緒にいてもらえないといった自己否定感に基づく行動・態度です。

「家族の幸せが自分の幸せ」という人は男女共によくいますが、特に子どものためならと自分を犠牲にして子に尽くしてしまう母親は、子どもに無意識のプレッシャーを与えます。なぜかというと、この母親ももれなく自己肯定感が低いからです。自分ひとりの力では幸せを感じられないから、「尽くす」形で**他者との境界線**を侵し、子どもの人生に同化しようとします。

つまり自己肯定感が常に低い人は、自分だけではなく他人のことも実は大切に扱えません。だから周りからも大切に扱われなくなっていくのです。

人は誰かに優しくされたとき、本当に自分を思ってやってくれている優しさと、単に優しさをアピールする目的のための優しさの違いに気づいてしまうものです。尽くしすぎ、心配しすぎ、いつも同じようなパターンで相手が去っていくのは、あなたの中にくすぶっている「自分が嫌い」という感情が、フラれる現実を見せているといえるでしょう。

何事も相手の都合に合わせて生きるのではなく、もっと自分の人生を生きることに集中しましょう。**「こんな私が好き」**という自分を、自分の中に探してみませんか？

あなたの「こんな私が好き」を大切にしてくれる人こそ、あなたを本当に大切にしてくれるパートナーだと思います。

✓ 他人ではなく、自分の人生に集中する

Section
59
この人でいいの……？
結婚をなかなか決断できない

将来的に結婚して、家庭を持ちたいという気持ちはある。けれど、いま付き合っている相手とこのままなんとなくゴールインしてしまう人生には、どこか疑問が残る。

だから決断できないという人は、いまどき多いのかもしれません。

実は私も20代半ばのころ、似たような思いを持っていたことがあります。

周囲の友達が結婚ラッシュを迎え、「ゆかりはどうするの？」などと聞かれたとき、私はいつも「いやぁ、まだちょっと……」と苦笑いをしてごまかしていました。

本当のところは「まだ決めたくない」「早まって結婚なんてしたくない」と思っていたのです。

なぜなら私は仕事もまだまだやりたかったし、なんなら結婚も子育ても30代後半になってからでいいと本気で思っていました（実際には32歳で娘を授かり、その流れで結婚もすることになりましたが）。

寿退社がまだ女の幸せだった30年前の私ですらそう思っていたので、価値観が多様化しつつあるいまの20～30代女性が結婚を「決断できない」のは、ごく普通だと思います。

できないというより決めたくないのだと思いますし、それでＯＫだとも感じます。

でもあなた自身は、決めたくない！　と素直にいい切れない、モヤモヤした何かを抱えているのですよね。

ここでは、そのモヤモヤを見ていく必要があると思います。

仮に「まだ結婚しない」と決めると、そこにはふたつの懸念事項が出てくるはずです。

ひとつはいまの恋人と長すぎる春になってしまい、結局最後まで結婚を決めきれない可能性があること。

もうひとつはいまの恋人と別れた場合、これから5年、10年と年を重ねていく自分に果たして恋人はできるのか？　という漠然とした不安があること。

つまり「まだ結婚しない」と決めると、その後のなりゆき次第では、ずっと独身になるかもしれないリスクを負います。

では、逆にいまの恋人と「結婚する」と決めたらどうなるでしょう？

おそらくその人と結婚すると、その後の人生に不満や不具合が出てくることが内心わかっているのではないでしょうか？

家のために本当はやりたい仕事をセーブしなければならないとか、収入に不安があるとか、**いまのままの自分ではいられなくなる**のかもしれません。

自分の生きたい人生が結婚によって損なわれてしまうように感じるから、その人との結婚は「決めきれない」のでしょう。同時に、**自分の丸ごとを愛してもらっている**という感覚にも乏しいのだと思います。

いずれにしてもその場合、自己否定的な思い込みが少々強い可能性があります。

なぜなら世の中には、年を重ねても幸せな結婚をしたり、結婚したあとも自分のやりたい仕事や遊びをいきいき楽しんでいたりする人は、男女問わず当たり前にいるからです。

自分の人生と将来を慎重に考えているようでいて、実は**受け身**なのかもしれません。自分で欲しいものを選ぶのではなく、誰かに選ばれるのを待つ人生をやってきた、その結果がいま心に湧いているモヤモヤなのかもしれません。

あなたが現状のまま**「選ばれる側」**でい続ける限り、そのモヤモヤは結婚に限らず、人生の様々な場面にずっとまとわりついてくる可能性があります。

しかし**「選ぶ側」**になる勇気を少しずつでも育てていくと、結果はどうあれ自分の行動に納得がついてくるので、後悔は少なくなると思います。

相手の顔色を見たり周囲の空気を読んだりして何かを選ぶ生き方は、他者の人生を生きているのと同じようなものです。

まずは、その軸を**「誰か」から「自分」に戻す**ための小さな練習をしてみませんか？「私＝I」の主語をはっきりさせて、食べたい物でも観たい映画でも、「私はこうしたい」という気持ちを他者に表明するのです。

これは**望む力**のトレーニングです。繰り返せば筋力はちゃんとついてきます。

そのうち、いまの恋人に対しての気持ちもはっきりしてくるでしょう。少なくとも、「自分では答えを出せないから相手に決めてもらおう」などといった他人軸の考えはなくなっていくはずです。

決めたくない！　といい切れない理由に答えがある

Section

60

恋人の価値観に影響されすぎて、自分を見失いがち

私たちは恋をすると、好きな人の好きなものを知りたい欲求が湧きます。

その人の好みの服を着て褒められたり、恋人の趣味の世界を知ったりすることは、恋愛初期においてはとても新鮮でワクワクすることでしょう。

それに、相手の価値観を受け入れてあげると大概は喜ばれます。だからもっと喜んでもらいたい、期待に応えたいと相手の色にどんどん染まっていく人も少なくはないのです。

こうした戦略は、恋愛初期においては確かに有効な場合もありますが、ふたりの関係を長期的に考えたとき、取り返しのつかない不具合を生んでしまう可能性もあるのです。

なぜなら、なんでも「恋人」というフィルターを通して選択してしまうので、**自分の価**

値観は常に無視されていることになります。

すると恋の幻が薄れていくころ、ふたりの関係に「何か違う」「何かが足りない」といった漠然としたモヤモヤを感じるようになるのです。

最初は無視できるくらいの小さなモヤモヤだったとしても、それを見て見ぬフリして関係を続けていると、いつしか「自分」が見えなくなってしまいます。

夫婦関係について、興味深い話を聞いたことがあります。

「夫婦という関係性においては、１００の満足度をふたりで分け合っている」というものです。

たとえば夫婦で銀座へウィンドーショッピングへ行くとしましょう。

高級ブランド店でワンピースを選ぶ妻のワクワク感を80としたら、それを財布を持って見ている夫の楽しみは20。

最新のオーディオ機器を見て「欲しい！」と思っている夫のテンションが90だとしたら、後ろで退屈そうにスマホを見ている妻のテンションは10。

恋愛が始まりたてのカップルなら、一瞬は１００：１００の満足度もあり得るのかもしれません。でも長く続く夫婦関係はそうではなく、**人生の楽しみを持ちつ持たれつで味わっている関係性**だと思うのです。

ちなみにこの考え方は、私たちがひとりの時間にホッとしたり、充実感を感じたりすることへのゆるしでもあります。

なぜなら、パートナーとの関係は依存関係ではないからです。ひとりの時間も楽しめる自立した自分だからこそ、ふたりの時間も楽しめるのです。

この互いに自立した者同士の健全な折り合いの付け方をみんなが知っていたら、悲しい離婚の抑止力にもなるかもしれません。

脱線しましたが、話を戻しましょう。

パートナーの価値観に染まりすぎ、結果自分を見失って後悔する恋愛を繰り返しているような人は、特に恋愛初期において、この満足度の割合が常に相手側に偏っていると考えられます。

デートの内容も服の趣味も普段の暮らしも、満足度は常に彼が80で自分が20くらい。それが当たり前の状態になっていませんか？

このときいくら相手の期待に応えて関係が保たれても、あなたはあくまで相手のwantを叶えているのであって、**自分の気持ちや望み**にはフタをしています。

その気持ちや望みとは、実はとても些細なことだったりします。

たとえば本当はジーンズを穿《は》きたいけれどスカートにしているとか、できれば車で家まで迎えにきて欲しいけれど、相手の仕事が大変だから電車で行こう……といったこと。

相手のせいで自分が失われていくのではなく、むしろ自ら自分の存在を消しているようなものです。長い間繰り返していたら、そのうち自分の価値観すら忘れてしまうかもしれません。

そうやって他人の価値観で生きている自分を相手がいくら愛してくれても、それは本当の恋愛とはいえません。

「ありのままの自分を受け入れてもらっている」という実感がないから、愛されているかどうか不安になります。

すると、嫌われるのが怖くてまた相手に合わせてしまう……その堂々巡りをやってしまいがちです。

先ほどの話でいうと、愛の関係においては、時と場合に応じて80：20、30：70といったように柔軟に変えられるのが、お互いの価値観を尊重できている状態といえるのでしょう。この前提を知っていただいた上で、相手の価値観に合わせすぎてしまう……と気づけているなら、ゴールは遠くないと思います。

いまのあなたの課題は、「自分はこうしたい」「私はこう考えている」という**自分の意志**を、相手に伝える経験値を増やすこと。満足度がいつも20なら、せめて50に持っていける場面を少しでも増やすことです。

もちろん、中には拒否されることもあると思いますが、それがダメなわけではありません。**自分の意志を受け入れられることも、拒否されることも、当たり前にある**と知ることがひとまずの目標です。

好きな人と１００の満足度を分け合うコミュニケーションを楽しめないのなら、それは精神的にひとりぼっちでいるも同然なのかもしれません。

あなたはいままさに、本当のパートナーシップと愛を学び始めた段階にいるのだと思います。

パートナーとの関係は、持ちつ持たれつが正解

Section

61

パートナーの浮気や不倫に悩んでいる

男女が浮気や不倫に走ってしまうのは、本人の心にどうしても**満たされない穴**がポッカリと開いているからです。

穴には孤独や寂しさ、欠乏感、自己否定感などいろいろなタイプがありますが、浮気や不倫をすることで穴を対症療法的に埋めている人がいます。ただしこれは本質的な解決法ではないから繰り返すのです。

浮気する人は一生なおらないなどとよくいわれますが、本人がその穴を埋められたら本当は変わることもできます。方法やプロセスは千差万別だと思いますが、その穴に向き合う過程をパートナーが一緒に見守れたら、ふたりはやり直すことも可能になります。

もしもパートナーに裏切られているのだとしたら、**自分の生き方**を見直すタイミングがやってきているのだと思います。

たとえば不倫した芸能人に対してバッシングしたくなるほど怒りを感じる人は、「不倫をしてはいけない」「結婚とはこうあるべき」という強い**should の価値観**で生きていると思います。赤の他人をわざわざ叩きたくなるくらい腹が立ってしまうのは、同時に**「～したい」の want**が、本人の中で騒ぎ出している証拠でもあるのです。

いくら浮気や不倫が嫌いといっても、嫌悪感がある限り関心はあります。人間の感情において、好きの反対は嫌悪ではなく「無関心」だからです。つまり「不倫はいけない」という強い should の価値観で生きている人は、自分が絶対にしないと決めている不倫という want に軽々と走っている人々がゆるせません。

女性は多少なりとも不貞への嫌悪感を持っている性ですから、あなたもきっと同じような価値観をお持ちだと思います。

これを、パートナーが浮気しているという現実と直面した場合にどう再設定するか。浮気の問題は相手にどうしてもらうか考える以前に、**自分はどうしたいか**を考えてしまった方が解決が早いのです。

このとき「不倫はいけない」という強いshouldの価値観だけをベースに対処しようとしても、パートナーとの溝がますます深くなっていくだけだと思います。

私のおすすめは、ここで**自分のwantを掘り出して認めてあげる**ことです。

まずあなたのwantを探し出すための質問を、自分に投げかけてあげましょう。

配偶者ではなく彼をひとりの人間として見てみたとき、彼はやっぱり魅力的ですか？

これからもふたりでやっていきたいでしょうか？

もし彼がまだ付き合ってもいない赤の他人だったらどうですか？

他の人を選ぶチャンスがあったとしても、それでもやっぱり彼がいいですか？

それでも彼がいいとして、今回の浮気はゆるしたいですか、それともゆるしたくないですか？

ゆるすのだとしたら、何回までならゆるせそうですか？

答えに正解はありませんから、その後のやりとり次第で気が変わる可能性もあります。

もちろんそれでＯＫなので、**自分の望み**をまず素直に引き出してあげましょう。

そうやって自分のwantを自分で認めておくと、相手にもwantがあることをとりあえずは認めてあげることができるようになります。

お互いのwantが俎上《そじょう》に載ったところで、初めて「これからどうしていこうか？」という具体的な対話と交渉が始められるのです。

もちろん婚姻関係は法律で縛られていますから、「不倫はゆるさない」という強いshouldの価値観のもと、相手に償いを求め裁判などに持ち込むのもひとつのやり方だと思います。ただその場合、覚悟をもって臨《のぞ》まないと、精神的に苦しい道のりになるとも思います。

でもそこにwantの視点を取り入れると、自分自身の**価値観の再選択**が可能になるから視野が広がります。相手の意向に関係なく、**自分自身で選べる未来のバリエーション**が増えるのです。

ここでは「～すべき」の価値観以前に、先ほどの問いから得られた、ありのままの、素の自分がどうしたいと感じているかが大事です。

それでもその人がいいなら「ゆるす」ということもできますし、よくよく考えてみてその相手じゃなくてもいいなら、感情的になったり、相手を責めたりすることさえ時間とエネルギーの無駄に感じるかもしれません。

そうやって**主体的に選択することが、本当の意味で自分を大切にできる人の態度**です。

まずは自分自身の心に、「どうしたい？」と聞いてあげてください。

✓ 倫理観や常識以前に、「自分はどうしたいか」を大事にしてあげる

Section

62

他の人の彼氏や旦那と自分のパートナーを比較してしまう

人間は他者との比較によって自分の位置付けが決まってきます。他者との違いで自分の形が明確になる、自分は他者によって決まるともいえるのです。

むしろ**比較できない人は成長しない人**です。成長できる人は「私とできる人は何が違うか？」を比較して自分に足りないところを補います。

つまり、比較する心理は私たちにとって決して否定するべきものではなく、とても自然なものです。**問題は、比較した上でどうしたいのか**です。

自分のパートナーが友達や周囲の女性たちのパートナーに比べると、なんらかの能力で劣るとか、優しくないとか、うまくいえないけれどなんかイマイチだなとか、そんなふうに感じることはありますか？　あるいは真逆で、自分のパートナーの方が周囲のそれよりもステータス的には勝っている……などと確認したくなるケースもあるかもしれません。

感情には目的がありますから、そうすることになんらかのメリットがあると考えられます。

ここでもう一度、いま味わっている感情に意識を向けてみましょう。

パートナーがイマイチだと感じているのは、このパートナーのせいで私の人生がイマイチだといい換えることもできます。逆にパートナーのステータスが高いなら、私の人生も周囲に勝っていると感じているのです。

つまり本当の課題は、**自分の人生のクオリティがパートナーに依存している**ということです。自分のダメさに直面するのを避けて、自分の外側にあるパートナーの問題にすり替えている状態だといえます。

それでも比較してしまう自分に苦しさを感じているのですよね。

自分の不満の原因を外側に求めて落ち込んだり劣等感を感じたりしている場合、日々の生活や人生そのものがあまり楽しくないか、そのクオリティがなんとなく低いというように感じているケースが多いです。

そのわりには自分の中に「これが幸せ」という確固たる基準がありません。だから周囲と自分の現状をあれこれ見比べては「うらやましい」と嫉妬《しっと》したり、「これは私の方がマシ」と優越感に浸ったりして、ますます自分を見失っていくのです。

残念ながら、私たちの人生には誰の人生にも通用する「教科書」のようなものがありません。**何が幸せなのかは自分が決めること**で、「この通りにやれば幸せ」という価値観はどこを探したって見つからないのです。

ひとつだけいえることがあるとすると、人は行為を選択するとき、何を選んでいるにせよ、そのときの**自分のベスト**を選んでいます。でなければいまもこうして生命を維持できていないと考えられるからです。

だから「あっちを選べばよかった……」といった考えは、本質的にナンセンスだともいえます。私たちは生身の人間です。間違いを犯すものです。期待していた通りじゃなかったとか、予定通りには進まない物事もあることを、そもそも人生の予定に入れておく必要があります。

思い通りにならない、そんな**丸ごとの自分を受け入れる**ことを、**覚悟を決める**といいます。

外側を比較し続けている限り、どんな男性を手に入れてもこの悩みは解決しません。比較してみた上で、自分自身が**「どう在りたいか」**に目を向けましょう。

その先には、ちゃんと自分の向かうべきステージがあると思います。

✓自分なりの「幸せの基準」が、あなただけの人生を彩っていく

こんなところにもいる未処理の自分 ～親と自分編～

●娘と姉妹のように仲良くしたがる母親の弊害

「どっちが娘かわからないね」といわれるような、若々しくて子どもと仲睦まじい母親。一見すると幸せな光景にも思えますが、実は姉妹のように仲がいい母娘は、外側のイメージに反して根深い問題を抱えているケースがあります。

子の自立をサポートするのではなく、自分の親友を育てることをゴールに設定している母親が、近年とても増えているようなのです。

たとえばひとりっ子で、親族の愛を一身に受けるような家族形態が増えたのも大きな要因でしょう。

特に女の子は、幼少期から母親の期待を察し、その望み通りに生きようとする実直さと賢さを備えています。

本来なら、親は子どもの能力を引き出し、**たくましく自立していくための環境**へと導いてやるものですが、寂しい母親は娘を自分の延長のように感じ、できるだけ**同一化**させたいと考えてしまいます。すると、娘が挫折して自分を拒絶することがないよう、そもそもの人生のハードルを極端に低く設定してしまうことがあるのです。

「イヤならがんばらなくていい」とか、「実家から通える大学へ行けばいい」とか、娘を自分の近くに留めようとします。

そもそも女性は人とつながり合うことに喜びを感じる性です。友達のように仲良しな母親に「このまま家にいていいよ」と優しくいわれたら、あえてひとり立ちをしようとは思わないかもしれません。

そのうち仕事先で彼氏ができて結婚するとなったら、いよいよこの女性は「ひとり」で人生を生きる機会を失うでしょう。

もちろんこれは極端な例ですが、様相は違えど、なんらかの形で子離れできていないサインを発している母親は本当によくいます。

子にお金をせびったり、夫婦の問題を子どもに押しつけたり、娘の友人や恋人にやたら近寄ろうとする母親もよくあるパターンです。

ただ母親がそうなってしまうのは、子どももまた母親を愛しているがゆえに、無意識で母親を喜ばせる選択をしてしまうからでもあります。

親の助けなしに生きられない子ども時代は、親が望む自分になることで愛情を得ようとするのは自然です。でもそれがいきすぎると、**人生の主導権**が母親のままで大きくなり、自己が十分に育たないままで大人になってしまうケースもあるのです。

決して犯人探しをしたいわけではありません。

私たちはすでに十分な大人です。あなたが変えたいと望めば人生は変えられます。

自分軸ではなく、母親軸で生きてしまっている自分。

そこに自分で気づかない間は、仕事や人間関係などに問題が起きることもあるでしょう。

無意識のうちに母の望み通りの生き方をしようとするので、自分の本当の望みにはフタをしてしまいます。

抜け出す唯一の方法は、母親のコントロール下にある自分に気づき、自ら親離れをすることです。そのサインは気づくべきタイミングで、必ず人生の不具合となって出てきます。

自分自身で生き始める決意ができると、それまで自分がどれだけ息を殺すようにして日々を生きていたかに気づきます。

慣れていないことですから当然不安は感じると思いますが、水面からぱっと顔を出して息をする瞬間のような、大きな開放感と安堵も感じるはずです。

●過干渉・過保護な親とどう付き合うべきか

子どもを親友のように育ててしまうのが先の母親なら、こちらは自分の子どもを「作品」のように育ててしまう親たちです。

過干渉で過保護、加えて感情的という特徴を持っていることが多いので、子どもは親を怒らせないためにいつもビクビクしている傾向があります。

彼らは、自分の子育てが**他人に評価**されるのを極度に気にしています。だから子どもの行動に過剰な手出しをしたり、何かを失敗するとひどく叱ったりを繰り返します。

子どもの出来不出来が自分の価値に直結している、いわば他者との境界線侵犯です。己《こ》が脆弱《ぜいじゃく》な親の自己否定感が、子どもへの過干渉となって表れているのです。

問題の程度は人によって違いますが、深刻なケースだと子どもが大人になっても、仕事から結婚相手、住む家まで何かと口出しをしてくる面倒な存在になっていくでしょう。

この場合親とどう向き合うべきかというと、まずは経済的な**自立**が先決だと思います。言葉や態度で相手をねじ伏せようとせず、可能なら物理的距離を取ってしまうことも有効です。そして、親ではなく**自分を軸にした生き方**へと徐々にシフトすることです。

子どもは親を悲しませたくないという愛情を無意識に持っているものなので、過保護な親に反抗しながらも、結局のところ親が軸の人生を抜け出せていない人は結構います。「親が右を選ぶなら私は左だ」といったように、親の選択を軸に反抗しているケースもそうです。

反抗することで「わかってもらおう」としても、それは残念ながら伝わらないことが大半でしょう。なぜなら親子といえども別々の人間だからです。

過干渉に悩んでいるなら、まずはあなたからキッチリ**境界線**を引きましょう。

親には親の人生、自分には自分の人生があります。

そこを切り分けて考えられているか、しっかり意識して**自分の選択**をしていくことです。

自分を深く知るほど人は強くなるのです。

●実家に帰るのがイヤ

大人になって自分の生活や家族ができたなら、実家にはお盆やお正月くらいにしか行かなくなるのが普通です。

それなのに、年に1～2回帰ることさえ億劫《おっくう》に感じる大人はわりとよくいます。

イヤということは、反面「少しは顔を見せに帰らなければ」とも思っているわけです。

何年も実家に帰らなくたって平気でいられる人は、そもそもこのような悩みを持ちません。

まずはなぜイヤなのかを考えてみます。次の中から思い当たるフシはあるでしょうか。

・結婚しろ、孫の顔が見たいなどといわれる
・兄弟や親戚の中で自分だけまだ未婚
・仕事がうまくいっていなくて何も報告できることがない

・年老いていく両親を見るのがなんとなくツラい
・母（または父）の愚痴を聞かされたり、寂しいと言い寄られるのがイヤ
・お金を貸してほしいと頼まれる

もしかすると、自分が望むような自分になれていないから、まだ親には顔見せできないと感じているのかもしれません。

あるいは年々老いていく親を見て、子どものころ親に対して感じていた万能感が失われていくことに、ショックを感じてしまう場合も少なからずあります。

ここで大事なポイントになるのは、「少しは顔を見せに帰らなければ」と感じている自分がいるという事実です。

それは**親の期待に応えたい子の愛情**ともいえます。

表面的には「実家に帰るのが面倒だ」といいつつも、できれば期待に応えたい気持ちがあるから悩むのではないでしょうか。

この点に気づいているかどうかは、以後この課題にどう対処していくかに大きな違いを

生みます。親の期待に応えたい自分を自覚した上で、「帰るのがイヤだ」と感じている理由にどう対処していくかを考えるとき、その選択にはきっとある種の**覚悟**が伴うはずだからです。

この覚悟が伴ってこそ、**自分軸の選択**です。

「私はこう在りたい」という軸がはっきりすれば、ステレオタイプな家族像にこだわって苦しんだり、親の思い通りにはならなかった自分に対する罪悪感も少しずつ薄れていくのではないかと思います。

すると、親とのコミュニケーションにも少なからず変化が表れてくるでしょう。

おわりに　～人生を変える魔法はある～

「赤を見ないように」といわれると、異様に赤ばかり目に入ってくるのが人の意識です。意識しないでおこうと意識するほど、そのことに過敏になります。

たとえば、ダイエットするためにチョコレートは食べたらダメだと思うほど、なぜかチョコレートが頭から離れなくなっていくのです。意識した途端、一日中チョコレートが頭を占領します。あなたにもそういった経験がありませんか？

こんなときに、どうすればいいか。
一番良い方法は、チョコレートが好きな自分を**「認める」**ことです。
いい方を変えれば、チョコレートを好きな自分を**「諦める」**ということです。
チョコレートが好きな自分を**「ゆるす」**とも表現できます。

怖いでしょう？　チョコレートを好きな自分をゆるしてしまったら、どんどんチョコレートを食べてしまって、ダイエットが台無しになりそうですよね。

実践してみたらわかるのですが、最初はたくさん食べたとしても「いつ食べてもいいんだ」と思うと「一日中チョコレートのことが頭から離れない」なんてことは自然となくなります。なぜ、あんなにもチョコレートを食べたかったのかさえ思い出せなくなるほどです。でも、ゆるしてしまったらさらにダメになりそうで、人はなかなかそのベストな方法を試してみようとしません。

良い人生にするために自分を変えるということも、ダイエットのチョコレートと同じです。自分のダメなところを嫌悪するほどその存在が大きくなってしまうのです。

たとえばイソップ童話の『北風と太陽』。

この物語では北風と太陽が旅人のコートを脱がせた方が勝ちという勝負をします。北風は旅人に激しく冷たい風を吹きつけ、コートを吹き飛ばそうとしますが、旅人はコートを握りしめてしまいます。一方、太陽はポカポカと暖かい日差しを向けます。すると旅人はその暖かさから自らコートを脱ぐというお話でした。

この物語のコートを「嫌いな自分」と捉えて読んでみてください。

私たちは「嫌いな自分」を払拭するために、激しく冷たい風を自分に吹きつけていないでしょうか。嫌いな自分がなくなれば、理想の自分に近づく気がしていまの自分に冷たく当たります。すると『北風と太陽』の物語と同じように「嫌いな自分」はなくなるどころか、しっかりつきまといます。

なかなかなくならないからさらに冷たく当たるけれど、やっぱりなくならない。そんな挫折感を味わうたびに自分をさらに嫌いになっていく。こんなことを一体、何年繰り返してきたのでしょう。

私たちは「もっと自分に厳しく」「辛く当たらなければ変われない」と無自覚に思い込

んでいます。

本当でしょうか？

そのやり方は長年やってきた、充分に慣れ親しんだやり方です。慣れ親しんだやり方にはいつでも戻ることができるからこそ、そろそろ違う方法を試してみてもいいのではないでしょうか。

チョコレートのたとえも「北風と太陽」もキーワードは**「暖かいゆるし」**です。

これが**人生を変える魔法**です。

魔法はいまの自分を「ゆるす」ことから始まります。

しかし、この魔法を使うには**恐れを乗り越える勇気**が必要です。

・予定通りにコトが進まない自分を「そういう時もある」とゆるす
・子どもの頃からの悪いクセがなくならない自分を「必要だったから使っていたんだもの。すぐにはなくならないよね」とゆるす

・この本を読んでも、どうせ自分を好きになれやしないと感じる自分を「人は完璧にはならない」とゆるす

ゆるすことは**いまの自分を認めてあげること**。自分が自分を受け入れることです。受け入れてしまったら、イヤな自分がのさばりそうで怖いですよね。でも、違うんです。認めたものは変えていくことができるのです。

思い描いていた自分とは違ういまの「わたし」をゆるしてあげてください。この本を手にしていらっしゃるあなたはずーっとがんばってきたはずです。それは「よくやってきたね！」と労ってあげるに値するがんばりだったはずです。

いまの「わたし」を自分で受け入れると魔法が効き始めます。

妙な力《りき》みがすーっと抜けて、ラクになっていきます。「こんなはずじゃない」「違う」といった自分を否定する言葉が不要になります。

代わりに「仕方ない……」とガックリ肩を落とす方もいらっしゃるかもしれませんが、

それは弱さではありません。事実に直面して受け入れることができるのは、あなたの強さです。

その強さが、人生を変える魔法をさらに強力にしていきます。

いまの「わたし」をゆるしたあなたに質問です。ぜひ、ノートに書いてみてください。

いまの自分を十分受け入れたら「さて、あなたはどう在りたい？」

そして「あなたが思い描く〝こんな自分が好き〟と思える瞬間を人生に増やすには何をやる？」

書き出したことは、以前と変わらないことかもしれません。しかし、たとえやることは同じでも、心持ちがまったく違うことに驚かれるはずです。何かに駆り立てられるような気分から、地に足がついたような、どっしりとした気分でいられる新しい自分に出会えます。

北風で冷たく当たっていた自分から、太陽の暖かさで接する自分への変化を始めてみましょう。

少しでも何かを変えれば未来は必ず変わり始めます。それは**自分との絆《きずな》作り**です。時間がかかるかもしれませんが、それさえもゆるせるようになります。

ひとつひとつ丁寧に自分に取り組んでいくと、確実に自分との関係性がよくなり、「こんな自分が好き」と思える自分に出会える時間はどんどん増えていきます。

私たちは自分を癒《い》やし、自分を力づけ、自分の人生を選び直すことができます。始めるのに遅いことはありません。

もし、あなたが**「今日から自分を好きになる」**ための一歩を踏み出すなら、新しいあなたが誕生したも同然です。

今日が新たなあなたの誕生日。

来月でやっと1ヶ月、再来月でもまだまだ2ヶ月の赤ちゃんですから、うまくいかなくても当たり前。やるほどにだんだんと、確実に「わたし」が輝いていくでしょう。

ここからあなたの旅が再スタートするのです。たくさんの風を感じ、素晴らしい景色を堪能し、おいしいものを食べ、泣き、笑い、この旅を「わたし」で謳歌しましょう！
私も旅の途中です。旅先であなたと出会えることを楽しみにしています。

城ノ石ゆかり

● 著者紹介

城《じょう》ノ《の》石《せき》 ゆかり

1968年熊本生まれ。

株式会社ngoro-ngoro代表取締役社長。

日本心理学会 認定心理士。「4ness コーピング」主宰。

自分を見失い、生き方を探って迷走していた20歳の時に大学を中退して世界中を放浪。インドのボランティア施設でマザーテレサとの出会いを果たし、「人が輝いて豊かに生きること」の大切さに気付く。帰国後は心理学を学びながら、美と心を扱うエステティックサロンの世界へ。精神的カウンセリングを取り入れた施術で人気セラピストとなり、98年に株式会社ngoro-ngoroを創業、設立。２万人を超える女性のサポートの経験から、本格的なメンタルケアの必要性を痛感し、認知行動療法をベースとした「4nessコーピング」を開発した。

口コミのみで開催した「4nessコーピング」講座は「号泣するセミナー」として話題を呼び、男女の幅広い層が受講。受講生には有名企業の社長や起業家らも名を連ねる。個人セッションの予約は現在１年半待ち。

著書に『怒りが消えれば、やせられる　コーピング・ダイエット』（きずな出版）、『未処理の感情に気付けば、問題の８割は解決する』（実業之日本社）、『マンガでわかる　仕事もプライベートもうまくいく感情のしくみ』（監修：城ノ石ゆかり、作画：今谷鉄柱／実業之日本社）がある。

［4nessコーピング］
https://4ness.com

［城ノ石ゆかりオフィシャルサイト］
https://jounosekiyukari.com

この作品に対する皆様のご意見・ご感想をお待ちしております。

おハガキ・お手紙は以下の宛先にお送りください。

【宛先】

〒150-6008 東京都渋谷区恵比寿4-20-3 恵比寿ｶﾞｰﾃﾞﾝﾌﾟﾚｲｽﾀﾜｰ 8F
(株) アルファポリス　書籍感想係

メールフォームでのご意見・ご感想は右のＱＲコードから、
あるいは以下のワードで検索をかけてください。

アルファポリス　書籍の感想　検索

ご感想はこちらから

そろそろ『わたし』でいきていく

今日《きょう》から自分《じぶん》を好《す》きになるために

城ノ石 ゆかり（じょうのせき ゆかり）

2021年 1月31日初版発行
2021年 3月31日2刷発行

編集－桐田千帆・宮田可南子
編集長－太田鉄平
発行者－梶本雄介
発行所－株式会社アルファポリス
〒150-6008 東京都渋谷区恵比寿4-20-3 恵比寿ｶﾞｰﾃﾞﾝﾌﾟﾚｲｽﾀﾜｰ8F
TEL 03-6277-1601（営業） 03-6277-1602（編集）
URL https://www.alphapolis.co.jp/
発売元－株式会社星雲社（共同出版社・流通責任出版社）
〒112-0005 東京都文京区水道1-3-30
TEL 03-3868-3275
執筆・編集協力－小堀真子
装丁・中面デザイン－ansyyqdesign
印刷－中央精版印刷株式会社

価格はカバーに表示されてあります。

落丁乱丁の場合はアルファポリスまでご連絡ください。

送料は小社負担でお取り替えします。


ISBN978-4-434-28411-3 C0030